FAMILY
GENEALOGIST

THIS BOOK WAS COMPOSED BY

NAME _____ DATE STARTED __/__/__

_____

_____

_____

Family

like branches on a tree,
we all grow in different
directions, yet our roots remain as one

MY FAMILY
ANCESTRY

VICTORIAN No. 4

ANCESTRY PUBLICATIONS

TABLE of CONTENTS

FATERNAL GREAT GRANDFATHER

NAME

/ /
DOB   DOD

BIO PAGE #74-75

MATERNAL GREAT GRANDFATHER

NAME

/ /
DOB   DOD

BIO PAGE #80-81

PATERNAL GREAT GRANDFATHER

NAME

/ /
DOB   DOD

BIO PAGE #86-87

MATERNAL GREAT GRANDFATHER

NAME

/ /
DOB   DOD

BIO PAGE #92-93

PATERNAL GREAT GRANDMOTHER

NAME

/ /
DOB   DOD

BIO PAGE #76-77

MATERNAL GREAT GRANDMOTHER

NAME

/ /
DOB   DOD

BIO PAGE #82-83

PATERNAL GREAT GRANDMOTHER

NAME

/ /
DOB   DOD

BIO PAGE #88-89

MATERNAL GREAT GRANDMOTHER

NAME

/ /
DOB   DOD

BIO PAGE #94-95

PATERNAL GRANDFATHER

NAME

/ /
DOB   DOD

BIO PAGE #38-39

PATERNAL GRANDMOTHER

NAME

/ /
DOB   DOD

BIO PAGE #40-41

MATERNAL GRANDFATHER

NAME

/ /
DOB   DOD

BIO PAGE #44-45

MATERNAL GRANDMOTHER

NAME

/ /
DOB   DOD

BIO PAGE #46-47

FATHER

NAME

/ /
DOB   PLACE OF BIRTH

/ /
DOD   BURIAL PLACE

BIO PAGE #20-21

MOTHER

NAME

/ /
DOB   PLACE OF BIRTH

/ /
DOD   BURIAL PLACE

BIO PAGE #22-23

WIFE

NAME

/ /
DOB   PLACE OF BIRTH

/ /
DOD   BURIAL PLACE

BIO PAGE #10-11

WIFE'S FAMILY TREE

PERSONAL

NAME _____

NICKNAME _____

DATE OF BIRTH ____/____/____   PLACE OF BIRTH _____

COLOR OF EYES _____ COLOR OF HAIR _____ HEIGHT _____ RACE _____

LANGUAGE(S) _____ RELIGION _____ (R) OR (L) HANDED _____

SPOUSE _____ WEDDING DATE ____/____/____

DATE OF DEATH ____/____/____ BURIAL PLACE _____

PLACES LIVED _____

_____ _____ _____

PICTURE

3½" x 3¾"

EDUCATION

SCHOOL _____ YEARS _____ DEGREE _____

_____ _____ _____

BIOGRAPHY _____

_____

MILITARY

BRANCH _____ RANK _____ YEARS _____

DEPLOYMENTS _____

SPECIALTY _____ DECORATIONS _____

PROFESSION

OCCUPATION _____ COMPANY _____ YEARS _____

_____ _____ _____

_____ _____ _____

DNA GENEALOGY

_____% _____
PERCENTAGE ORIGIN

_____% _____

_____% _____

_____% _____

_____% _____

_____% _____

_____% _____

_____% _____

_____% _____

_____% _____

_____% _____

_____% _____

PICTURES

WIFE

PERSONAL

NAME

MAIDEN NAME   NICKNAME

DATE OF BIRTH   PLACE OF BIRTH

COLOR OF EYES   COLOR OF HAIR   HEIGHT   RACE

LANGUAGE(S)   RELIGION   (R) OR (L) HANDED

SPOUSE   WEDDING DATE

DATE OF DEATH   BURIAL PLACE

PLACES LIVED

PICTURE
3¼" x 3¼"

EDUCATION

SCHOOL   YEARS   DEGREE

BIOGRAPHY

MILITARY

BRANCH   RANK   YEARS

DEPLOYMENTS

SPECIALTY   DECORATIONS

PROFESSION

OCCUPATION   COMPANY   YEARS

DNA GENEALOGY

%
PERCENTAGE ORIGIN
%

%

%

%

%

%

%

%

%

%

%

PICTURES

CHILDREN

NAME _____ DATE OF BIRTH __/__/__ PLACE OF BIRTH _____

EYE COLOR ___ HAIR COLOR ___ HEIGHT ___ (R) OR (L) HANDED ___ DATE OF DEATH __/__/__ BURIAL PLACE _____

SPOUCE _____ DATE OF BIRTH __/__/__ PLACE OF BIRTH _____

CHILDREN _____

PICTURE 1½" X 1½"

NAME _____ DATE OF BIRTH __/__/__ PLACE OF BIRTH _____

EYE COLOR ___ HAIR COLOR ___ HEIGHT ___ (R) OR (L) HANDED ___ DATE OF DEATH __/__/__ BURIAL PLACE _____

SPOUCE _____ DATE OF BIRTH __/__/__ PLACE OF BIRTH _____

CHILDREN _____

PICTURE 1½" X 1½"

NAME _____ DATE OF BIRTH __/__/__ PLACE OF BIRTH _____

EYE COLOR ___ HAIR COLOR ___ HEIGHT ___ (R) OR (L) HANDED ___ DATE OF DEATH __/__/__ BURIAL PLACE _____

SPOUCE _____ DATE OF BIRTH __/__/__ PLACE OF BIRTH _____

CHILDREN _____

PICTURE 1½" X 1½"

NAME _____ DATE OF BIRTH __/__/__ PLACE OF BIRTH _____

EYE COLOR ___ HAIR COLOR ___ HEIGHT ___ (R) OR (L) HANDED ___ DATE OF DEATH __/__/__ BURIAL PLACE _____

SPOUCE _____ DATE OF BIRTH __/__/__ PLACE OF BIRTH _____

CHILDREN _____

PICTURE 1½" X 1½"

NAME _____ DATE OF BIRTH __/__/__ PLACE OF BIRTH _____

EYE COLOR ___ HAIR COLOR ___ HEIGHT ___ (R) OR (L) HANDED ___ DATE OF DEATH __/__/__ BURIAL PLACE _____

SPOUCE _____ DATE OF BIRTH __/__/__ PLACE OF BIRTH _____

CHILDREN _____

PICTURE 1½" X 1½"

NAME _____ DATE OF BIRTH __/__/__ PLACE OF BIRTH _____

EYE COLOR ___ HAIR COLOR ___ HEIGHT ___ (R) OR (L) HANDED ___ DATE OF DEATH __/__/__ BURIAL PLACE _____

SPOUCE _____ DATE OF BIRTH __/__/__ PLACE OF BIRTH _____

CHILDREN _____

PICTURE 1½" X 1½"

NAME		/ / DATE OF BIRTH
PLACE OF BIRTH		/ / DATE OF DEATH
SPOUSE'S NAME		/ / DATE OF BIRTH
NAME		/ / DATE OF BIRTH
PLACE OF BIRTH		/ / DATE OF DEATH
SPOUSE'S NAME		/ / DATE OF BIRTH
NAME		/ / DATE OF BIRTH
PLACE OF BIRTH		/ / DATE OF DEATH
SPOUSE'S NAME		/ / DATE OF BIRTH
NAME		/ / DATE OF BIRTH
PLACE OF BIRTH		/ / DATE OF DEATH
SPOUSE'S NAME		/ / DATE OF BIRTH
NAME		/ / DATE OF BIRTH
PLACE OF BIRTH		/ / DATE OF DEATH
SPOUSE'S NAME		/ / DATE OF BIRTH
NAME		/ / DATE OF BIRTH
PLACE OF BIRTH		/ / DATE OF DEATH
SPOUSE'S NAME		/ / DATE OF BIRTH
NAME		/ / DATE OF BIRTH
PLACE OF BIRTH		/ / DATE OF DEATH
SPOUSE'S NAME		/ / DATE OF BIRTH

WIFE'S SIBLINGS columns:

NAME		/ / DATE OF BIRTH
PLACE OF BIRTH		/ / DATE OF DEATH
SPOUSE'S NAME		/ / DATE OF BIRTH
NAME		/ / DATE OF BIRTH
PLACE OF BIRTH		/ / DATE OF DEATH
SPOUSE'S NAME		/ / DATE OF BIRTH
NAME		/ / DATE OF BIRTH
PLACE OF BIRTH		/ / DATE OF DEATH
SPOUSE'S NAME		/ / DATE OF BIRTH
NAME		/ / DATE OF BIRTH
PLACE OF BIRTH		/ / DATE OF DEATH
SPOUSE'S NAME		/ / DATE OF BIRTH
NAME		/ / DATE OF BIRTH
PLACE OF BIRTH		/ / DATE OF DEATH
SPOUSE'S NAME		/ / DATE OF BIRTH
NAME		/ / DATE OF BIRTH
PLACE OF BIRTH		/ / DATE OF DEATH
SPOUSE'S NAME		/ / DATE OF BIRTH
NAME		/ / DATE OF BIRTH
PLACE OF BIRTH		/ / DATE OF DEATH
SPOUSE'S NAME		/ / DATE OF BIRTH

HUSBAND'S FATHER

PERSONAL

NAME

NICKNAME

DATE OF BIRTH / / PLACE OF BIRTH

COLOR OF EYES COLOR OF HAIR HEIGHT RACE

LANGUAGE(S) RELIGION (R) OR (L) HANDED

SPOUSE / / WEDDING DATE

DATE OF DEATH / / BURIAL PLACE

PLACES LIVED

PICTURE
3¼" x 3¼"

EDUCATION

SCHOOL YEARS DEGREE

BIOGRAPHY

MILITARY

BRANCH RANK YEARS

DEPLOYMENTS

SPECIALTY DECORATIONS

PROFESSION

OCCUPATION COMPANY YEARS

DNA GENEALOGY

%
PERCENTAGE ORIGIN
%

%

%

%

%

%

%

%

%

%

PICTURES

PERSONAL

NAME _____

MAIDEN NAME _____ NICKNAME _____

DATE OF BIRTH __/__/__ PLACE OF BIRTH _____

COLOR OF EYES ____ COLOR OF HAIR ____ HEIGHT ____ RACE ____

LANGUAGE(S) _____ RELIGION _____ (R) OR (L) HANDED ____

SPOUSE _____ WEDDING DATE __/__/__

DATE OF DEATH __/__/__ BURIAL PLACE _____

PLACES LIVED _____
_____

PICTURE
3½" x 3½"

EDUCATION

SCHOOL _____ YEARS _____ DEGREE _____
_____
_____

MILITARY

BRANCH _____ RANK _____ YEARS _____

DEPLOYMENTS _____

SPECIALTY _____ DECORATIONS _____

PROFESSION

OCCUPATION ____ COMPANY _____ YEARS ____
_____
_____
_____

BIOGRAPHY
_____
_____
_____
_____
_____
_____
_____
_____
_____
_____
_____
_____
_____

DNA GENEALOGY

____% _____ ____% _____
PERCENTAGE ORIGIN
____% _____ ____% _____
____% _____ ____% _____
____% _____ ____% _____
____% _____ ____% _____
____% _____ ____% _____

PICTURES

NAME _____ DATE OF BIRTH __/__/__ PLACE OF BIRTH _____

EYE COLOR _____ HAIR COLOR _____ HEIGHT _____ (R) OR (L) HANDED _____ LANGUAGE(S) _____ DATE OF DEATH __/__/__ BURIAL PLACE _____

SPOUCE _____ DATE OF BIRTH __/__/__ PLACE OF BIRTH _____

NAME _____ DATE OF BIRTH __/__/__ PLACE OF BIRTH _____

EYE COLOR _____ HAIR COLOR _____ HEIGHT _____ (R) OR (L) HANDED _____ LANGUAGE(S) _____ DATE OF DEATH __/__/__ BURIAL PLACE _____

SPOUCE _____ DATE OF BIRTH __/__/__ PLACE OF BIRTH _____

NAME _____ DATE OF BIRTH __/__/__ PLACE OF BIRTH _____

EYE COLOR _____ HAIR COLOR _____ HEIGHT _____ (R) OR (L) HANDED _____ LANGUAGE(S) _____ DATE OF DEATH __/__/__ BURIAL PLACE _____

SPOUCE _____ DATE OF BIRTH __/__/__ PLACE OF BIRTH _____

NAME _____ DATE OF BIRTH __/__/__ PLACE OF BIRTH _____

EYE COLOR _____ HAIR COLOR _____ HEIGHT _____ (R) OR (L) HANDED _____ LANGUAGE(S) _____ DATE OF DEATH __/__/__ BURIAL PLACE _____

SPOUCE _____ DATE OF BIRTH __/__/__ PLACE OF BIRTH _____

NAME _____ DATE OF BIRTH __/__/__ PLACE OF BIRTH _____

EYE COLOR _____ HAIR COLOR _____ HEIGHT _____ (R) OR (L) HANDED _____ LANGUAGE(S) _____ DATE OF DEATH __/__/__ BURIAL PLACE _____

SPOUCE _____ DATE OF BIRTH __/__/__ PLACE OF BIRTH _____

NAME _____ DATE OF BIRTH __/__/__ PLACE OF BIRTH _____

EYE COLOR _____ HAIR COLOR _____ HEIGHT _____ (R) OR (L) HANDED _____ LANGUAGE(S) _____ DATE OF DEATH __/__/__ BURIAL PLACE _____

SPOUCE _____ DATE OF BIRTH __/__/__ PLACE OF BIRTH _____

NAME _____ DATE OF BIRTH __/__/__ PLACE OF BIRTH _____

EYE COLOR _____ HAIR COLOR _____ HEIGHT _____ (R) OR (L) HANDED _____ LANGUAGE(S) _____ DATE OF DEATH __/__/__ BURIAL PLACE _____

SPOUCE _____ DATE OF BIRTH __/__/__ PLACE OF BIRTH _____

HUSBAND'S SIBLINGS

NAME _____ DATE OF BIRTH / /

PLACE OF BIRTH _____ DATE OF DEATH / /

SPOUCE'S NAME _____ DATE OF BIRTH / /

NAME _____ DATE OF BIRTH / /

PLACE OF BIRTH _____ DATE OF DEATH / /

SPOUCE'S NAME _____ DATE OF BIRTH / /

NAME _____ DATE OF BIRTH / /

PLACE OF BIRTH _____ DATE OF DEATH / /

SPOUSE'S NAME _____ DATE OF BIRTH / /

NAME _____ DATE OF BIRTH / /

PLACE OF BIRTH _____ DATE OF DEATH / /

SPOUCE'S NAME _____ DATE OF BIRTH / /

NAME _____ DATE OF BIRTH / /

PLACE OF BIRTH _____ DATE OF DEATH / /

SPOUCE'S NAME _____ DATE OF BIRTH / /

NAME _____ DATE OF BIRTH / /

PLACE OF BIRTH _____ DATE OF DEATH / /

SPOUCE'S NAME _____ DATE OF BIRTH / /

NAME _____ DATE OF BIRTH / /

PLACE OF BIRTH _____ DATE OF DEATH / /

SPOUCE'S NAME _____ DATE OF BIRTH / /

WIFE'S SIBLINGS

NAME _____ DATE OF BIRTH / /

PLACE OF BIRTH _____ DATE OF DEATH / /

SPOUCE'S NAME _____ DATE OF BIRTH / /

NAME _____ DATE OF BIRTH / /

PLACE OF BIRTH _____ DATE OF DEATH / /

SPOUCE'S NAME _____ DATE OF BIRTH / /

NAME _____ DATE OF BIRTH / /

PLACE OF BIRTH _____ DATE OF DEATH / /

SPOUCE'S NAME _____ DATE OF BIRTH / /

NAME _____ DATE OF BIRTH / /

PLACE OF BIRTH _____ DATE OF DEATH / /

SPOUCE'S NAME _____ DATE OF BIRTH / /

NAME _____ DATE OF BIRTH / /

PLACE OF BIRTH _____ DATE OF DEATH / /

SPOUCE'S NAME _____ DATE OF BIRTH / /

NAME _____ DATE OF BIRTH / /

PLACE OF BIRTH _____ DATE OF DEATH / /

SPOUCE'S NAME _____ DATE OF BIRTH / /

NAME _____ DATE OF BIRTH / /

PLACE OF BIRTH _____ DATE OF DEATH / /

SPOUCE'S NAME _____ DATE OF BIRTH / /

WIFE'S FATHER

PERSONAL

NAME

NICKNAME

DATE OF BIRTH   PLACE OF BIRTH

COLOR OF EYES   COLOR OF HAIR   HEIGHT   RACE

LANGUAGE(S)   RELIGION   (R) OR (L) HANDED

SPOUSE   WEDDING DATE

DATE OF DEATH   BURIAL PLACE

PLACES LIVED

PICTURE

3½" X 3½"

EDUCATION

SCHOOL   YEARS   DEGREE

BIOGRAPHY

MILITARY

BRANCH   RANK   YEARS

DEPLOYMENTS

SPECIALTY   DECORATIONS

PROFESSION

OCCUPATION   COMPANY   YEARS

DNA GENEALOGY

%
PERCENTAGE ORIGIN
%

%

%

%

%

%

%

%

%

%

%

PICTURES

PERSONAL

NAME _____

MAIDEN NAME _____ NICKNAME _____

DATE OF BIRTH _____/_____/_____ PLACE OF BIRTH _____

COLOR OF EYES _____ COLOR OF HAIR _____ HEIGHT _____ RACE _____

LANGUAGE(S) _____ RELIGION _____ (R) OR (L) HANDED _____

SPOUSE _____ WEDDING DATE _____/_____/_____

DATE OF DEATH _____/_____/_____ BURIAL PLACE _____

PLACES LIVED _____

PICTURE
3½" x 3½"

EDUCATION

SCHOOL	YEARS	DEGREE

BIOGRAPHY
_____
_____
_____

MILITARY

BRANCH _____ RANK _____ YEARS _____

DEPLOYMENTS _____

SPECIALTY _____ DECORATIONS _____

PROFESSION

OCCUPATION	COMPANY	YEARS

DNA GENEALOGY

PERCENTAGE ORIGIN

% _____ % _____
% _____ % _____
% _____ % _____
% _____ % _____
% _____ % _____
% _____ % _____

NAME _____   DATE OF BIRTH __/__/__   PLACE OF BIRTH _____

EYE COLOR ___ HAIR COLOR ___ HEIGHT ___ (R) OR (L) HANDED ___ LANGUAGE(S) ___   DATE OF DEATH __/__/__   BURIAL PLACE _____

SPOUSE _____   DATE OF BIRTH __/__/__   PLACE OF BIRTH _____

NAME _____   DATE OF BIRTH __/__/__   PLACE OF BIRTH _____

EYE COLOR ___ HAIR COLOR ___ HEIGHT ___ (R) OR (L) HANDED ___ LANGUAGE(S) ___   DATE OF DEATH __/__/__   BURIAL PLACE _____

SPOUSE _____   DATE OF BIRTH __/__/__   PLACE OF BIRTH _____

NAME _____   DATE OF BIRTH __/__/__   PLACE OF BIRTH _____

EYE COLOR ___ HAIR COLOR ___ HEIGHT ___ (R) OR (L) HANDED ___ LANGUAGE(S) ___   DATE OF DEATH __/__/__   BURIAL PLACE _____

SPOUSE _____   DATE OF BIRTH __/__/__   PLACE OF BIRTH _____

NAME _____   DATE OF BIRTH __/__/__   PLACE OF BIRTH _____

EYE COLOR ___ HAIR COLOR ___ HEIGHT ___ (R) OR (L) HANDED ___ LANGUAGE(S) ___   DATE OF DEATH __/__/__   BURIAL PLACE _____

SPOUSE _____   DATE OF BIRTH __/__/__   PLACE OF BIRTH _____

NAME _____   DATE OF BIRTH __/__/__   PLACE OF BIRTH _____

EYE COLOR ___ HAIR COLOR ___ HEIGHT ___ (R) OR (L) HANDED ___ LANGUAGE(S) ___   DATE OF DEATH __/__/__   BURIAL PLACE _____

SPOUSE _____   DATE OF BIRTH __/__/__   PLACE OF BIRTH _____

NAME _____   DATE OF BIRTH __/__/__   PLACE OF BIRTH _____

EYE COLOR ___ HAIR COLOR ___ HEIGHT ___ (R) OR (L) HANDED ___ LANGUAGE(S) ___   DATE OF DEATH __/__/__   BURIAL PLACE _____

SPOUSE _____   DATE OF BIRTH __/__/__   PLACE OF BIRTH _____

NAME _____   DATE OF BIRTH __/__/__   PLACE OF BIRTH _____

EYE COLOR ___ HAIR COLOR ___ HEIGHT ___ (R) OR (L) HANDED ___ LANGUAGE(S) ___   DATE OF DEATH __/__/__   BURIAL PLACE _____

SPOUSE _____   DATE OF BIRTH __/__/__   PLACE OF BIRTH _____

NAME	DATE OF BIRTH
PLACE OF BIRTH	DATE OF DEATH
SPOUSE'S NAME	DATE OF BIRTH
NAME	DATE OF BIRTH
PLACE OF BIRTH	DATE OF DEATH
SPOUSE'S NAME	DATE OF BIRTH
NAME	DATE OF BIRTH
PLACE OF BIRTH	DATE OF DEATH
SPOUSE'S NAME	DATE OF BIRTH
NAME	DATE OF BIRTH
PLACE OF BIRTH	DATE OF DEATH
SPOUSE'S NAME	DATE OF BIRTH
NAME	DATE OF BIRTH
PLACE OF BIRTH	DATE OF DEATH
SPOUSE'S NAME	DATE OF BIRTH
NAME	DATE OF BIRTH
PLACE OF BIRTH	DATE OF DEATH
SPOUSE'S NAME	DATE OF BIRTH
NAME	DATE OF BIRTH
PLACE OF BIRTH	DATE OF DEATH
SPOUSE'S NAME	DATE OF BIRTH

PERSONAL

NAME

NICKNAME

DATE OF BIRTH   PLACE OF BIRTH

COLOR OF EYES   COLOR OF HAIR   HEIGHT   RACE

LANGUAGE(S)   RELIGION   (R) OR (L) HANDED

SPOUSE   WEDDING DATE

DATE OF DEATH   BURIAL PLACE

PLACES LIVED

PICTURE
3½" x 3½"

EDUCATION

SCHOOL   YEARS   DEGREE

BIOGRAPHY

MILITARY

BRANCH   RANK   YEARS

DEPLOYMENTS

SPECIALTY   DECORATIONS

PROFESSION

OCCUPATION   COMPANY   YEARS

DNA GENEALOGY

%
PERCENTAGE ORIGIN
%   %
%   %
%   %
%   %
%   %

PICTURES

PERSONAL

NAME _____

MAIDEN NAME _____ NICKNAME _____

DATE OF BIRTH __/__/__ PLACE OF BIRTH _____

COLOR OF EYES _____ COLOR OF HAIR _____ HEIGHT _____ RACE _____

LANGUAGE(S) _____ RELIGION _____ (R) OR (L) HANDED _____

SPOUSE _____ WEDDING DATE __/__/__

DATE OF DEATH __/__/__ BURIAL PLACE _____

PLACES LIVED _____
_____

PICTURE

3½" x 3½"

EDUCATION

SCHOOL _____ YEARS _____ DEGREE _____
_____
_____
_____

BIOGRAPHY
_____

MILITARY

BRANCH _____ RANK _____ YEARS _____

DEPLOYMENTS _____

SPECIALTY _____ DECORATIONS _____

_____
_____
_____

PROFESSION

OCCUPATION _____ COMPANY _____ YEARS _____
_____
_____

_____
_____

DNA GENEALOGY

_____% _____   _____% _____
PERCENTAGE ORIGIN
_____% _____   _____% _____

_____% _____   _____% _____

_____% _____   _____% _____

_____% _____   _____% _____

_____% _____   _____% _____

PICTURES

NAME _____ DATE OF BIRTH / / ___ PLACE OF BIRTH _____

EYE COLOR HAIR COLOR HEIGHT (R) OR (L) HANDED LANGUAGE(S) DATE OF DEATH / / ___ BURIAL PLACE _____

SPOUCE _____ DATE OF BIRTH / / ___ PLACE OF BIRTH _____

NAME _____ DATE OF BIRTH / / ___ PLACE OF BIRTH _____

EYE COLOR HAIR COLOR HEIGHT (R) OR (L) HANDED LANGUAGE(S) DATE OF DEATH / / ___ BURIAL PLACE _____

SPOUCE _____ DATE OF BIRTH / / ___ PLACE OF BIRTH _____

NAME _____ DATE OF BIRTH / / ___ PLACE OF BIRTH _____

EYE COLOR HAIR COLOR HEIGHT (R) OR (L) HANDED LANGUAGE(S) DATE OF DEATH / / ___ BURIAL PLACE _____

SPOUCE _____ DATE OF BIRTH / / ___ PLACE OF BIRTH _____

NAME _____ DATE OF BIRTH / / ___ PLACE OF BIRTH _____

EYE COLOR HAIR COLOR HEIGHT (R) OR (L) HANDED LANGUAGE(S) DATE OF DEATH / / ___ BURIAL PLACE _____

SPOUCE _____ DATE OF BIRTH / / ___ PLACE OF BIRTH _____

NAME _____ DATE OF BIRTH / / ___ PLACE OF BIRTH _____

EYE COLOR HAIR COLOR HEIGHT (R) OR (L) HANDED LANGUAGE(S) DATE OF DEATH / / ___ BURIAL PLACE _____

SPOUCE _____ DATE OF BIRTH / / ___ PLACE OF BIRTH _____

NAME _____ DATE OF BIRTH / / ___ PLACE OF BIRTH _____

EYE COLOR HAIR COLOR HEIGHT (R) OR (L) HANDED LANGUAGE(S) DATE OF DEATH / / ___ BURIAL PLACE _____

SPOUCE _____ DATE OF BIRTH / / ___ PLACE OF BIRTH _____

NAME _____ DATE OF BIRTH / / ___ PLACE OF BIRTH _____

EYE COLOR HAIR COLOR HEIGHT (R) OR (L) HANDED LANGUAGE(S) DATE OF DEATH / / ___ BURIAL PLACE _____

SPOUCE _____ DATE OF BIRTH / / ___ PLACE OF BIRTH _____

NAME _____ / / DATE OF BIRTH

PLACE OF BIRTH _____ / / DATE OF DEATH

SPOUCE'S NAME _____ / / DATE OF BIRTH

NAME _____ / / DATE OF BIRTH

PLACE OF BIRTH _____ / / DATE OF DEATH

SPOUCE'S NAME _____ / / DATE OF BIRTH

NAME _____ / / DATE OF BIRTH

PLACE OF BIRTH _____ / / DATE OF DEATH

SPOUCE'S NAME _____ / / DATE OF BIRTH

NAME _____ / / DATE OF BIRTH

PLACE OF BIRTH _____ / / DATE OF DEATH

SPOUCE'S NAME _____ / / DATE OF BIRTH

NAME _____ / / DATE OF BIRTH

PLACE OF BIRTH _____ / / DATE OF DEATH

SPOUCE'S NAME _____ / / DATE OF BIRTH

NAME _____ / / DATE OF BIRTH

PLACE OF BIRTH _____ / / DATE OF DEATH

SPOUCE'S NAME _____ / / DATE OF BIRTH

NAME _____ / / DATE OF BIRTH

FLACE OF BIRTH _____ / / DATE OF DEATH

SPOUCE'S NAME _____ / / DATE OF BIRTH

NAME _____ / / DATE OF BIRTH

PLACE OF BIRTH _____ / / DATE OF DEATH

SPOUCE'S NAME _____ / / DATE OF BIRTH

NAME _____ / / DATE OF BIRTH

PLACE OF BIRTH _____ / / DATE OF DEATH

SPOUCE'S NAME _____ / / DATE OF BIRTH

NAME _____ / / DATE OF BIRTH

PLACE OF BIRTH _____ / / DATE OF DEATH

SPOUCE'S NAME _____ / / DATE OF BIRTH

NAME _____ / / DATE OF BIRTH

PLACE OF BIRTH _____ / / DATE OF DEATH

SPOUCE'S NAME _____ / / DATE OF BIRTH

NAME _____ / / DATE OF BIRTH

PLACE OF BIRTH _____ / / DATE OF DEATH

SPOUCE'S NAME _____ / / DATE OF BIRTH

PERSONAL

NAME

NICKNAME

DATE OF BIRTH   PLACE OF BIRTH

COLOR OF EYES   COLOR OF HAIR   HEIGHT   RACE

LANGUAGE(S)   RELIGION   (R) OR (L) HANDED

SPOUSE   WEDDING DATE

DATE OF DEATH   BURIAL PLACE

PLACES LIVED

PICTURE
3½" x 3½"

EDUCATION

SCHOOL   YEARS   DEGREE

BIOGRAPHY

MILITARY

BRANCH   RANK   YEARS

DEPLOYMENTS

SPECIALTY   DECORATIONS

PROFESSION

OCCUPATION   COMPANY   YEARS

DNA GENEALOGY

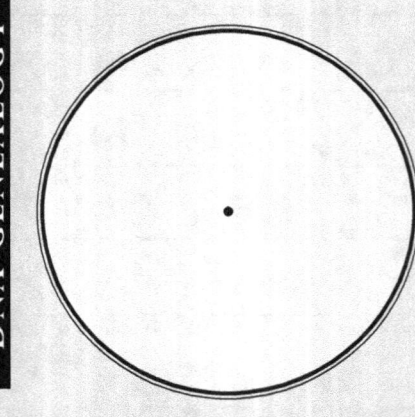

%
PERCENTAGE ORIGIN

%   %

%   %

%   %

%   %

%   %

%   %

PICTURES

PICTURE

3¼" x 3¼"

PERSONAL

NAME

MAIDEN NAME   NICKNAME

DATE OF BIRTH   PLACE OF BIRTH

COLOR OF EYES   COLOR OF HAIR   HEIGHT   RACE

LANGUAGE(S)   RELIGION   (R) OR (L) HANDED

SPOUSE   WEDDING DATE

DATE OF DEATH   BURIAL PLACE

PLACES LIVED

EDUCATION

SCHOOL   YEARS   DEGREE

BIOGRAPHY

MILITARY

BRANCH   RANK   YEARS

DEPLOYMENTS

SPECIALTY   DECORATIONS

PROFESSION

OCCUPATION   COMPANY   YEARS

DNA GENEALOGY

%
PERCENTAGE ORIGIN
%

%

%

%

%

%

%

%

%

%

PICTURES

NAME _____ DATE / / OF BIRTH _____ PLACE OF BIRTH _____

EYE COLOR ___ HAIR COLOR ___ HEIGHT ___ (R) OR (L) HANDED ___ LANGUAGE(S) ___ DATE / / OF DEATH _____ BURIAL PLACE _____

SPOUSE _____ DATE / / OF BIRTH _____ PLACE OF BIRTH _____

NAME _____ DATE / / OF BIRTH _____ PLACE OF BIRTH _____

EYE COLOR ___ HAIR COLOR ___ HEIGHT ___ (R) OR (L) HANDED ___ LANGUAGE(S) ___ DATE / / OF DEATH _____ BURIAL PLACE _____

SPOUSE _____ DATE / / OF BIRTH _____ PLACE OF BIRTH _____

NAME _____ DATE / / OF BIRTH _____ PLACE OF BIRTH _____

EYE COLOR ___ HAIR COLOR ___ HEIGHT ___ (R) OR (L) HANDED ___ LANGUAGE(S) ___ DATE / / OF DEATH _____ BURIAL PLACE _____

SPOUSE _____ DATE / / OF BIRTH _____ PLACE OF BIRTH _____

NAME _____ DATE / / OF BIRTH _____ PLACE OF BIRTH _____

EYE COLOR ___ HAIR COLOR ___ HEIGHT ___ (R) OR (L) HANDED ___ LANGUAGE(S) ___ DATE / / OF DEATH _____ BURIAL PLACE _____

SPOUSE _____ DATE / / OF BIRTH _____ PLACE OF BIRTH _____

NAME _____ DATE / / OF BIRTH _____ PLACE OF BIRTH _____

EYE COLOR ___ HAIR COLOR ___ HEIGHT ___ (R) OR (L) HANDED ___ LANGUAGE(S) ___ DATE / / OF DEATH _____ BURIAL PLACE _____

SPOUSE _____ DATE / / OF BIRTH _____ PLACE OF BIRTH _____

NAME _____ DATE / / OF BIRTH _____ PLACE OF BIRTH _____

EYE COLOR ___ HAIR COLOR ___ HEIGHT ___ (R) OR (L) HANDED ___ LANGUAGE(S) ___ DATE / / OF DEATH _____ BURIAL PLACE _____

SPOUSE _____ DATE / / OF BIRTH _____ PLACE OF BIRTH _____

NAME _____ DATE / / OF BIRTH _____ PLACE OF BIRTH _____

EYE COLOR ___ HAIR COLOR ___ HEIGHT ___ (R) OR (L) HANDED ___ LANGUAGE(S) ___ DATE / / OF DEATH _____ BURIAL PLACE _____

SPOUSE _____ DATE / / OF BIRTH _____ PLACE OF BIRTH _____

GRANDFATHER'S SIBLINGS

NAME _____ DATE OF BIRTH / /

PLACE OF BIRTH _____ DATE OF DEATH / /

SPOUCE'S NAME _____ DATE OF BIRTH / /

NAME _____ DATE OF BIRTH / /

PLACE OF BIRTH _____ DATE OF DEATH / /

SPOUCE'S NAME _____ DATE OF BIRTH / /

NAME _____ DATE OF BIRTH / /

PLACE OF BIRTH _____ DATE OF DEATH / /

SPOUCE'S NAME _____ DATE OF BIRTH / /

NAME _____ DATE OF BIRTH / /

PLACE OF BIRTH _____ DATE OF DEATH / /

SPOUCE'S NAME _____ DATE OF BIRTH / /

NAME _____ DATE OF BIRTH / /

PLACE OF BIRTH _____ DATE OF DEATH / /

SPOUCE'S NAME _____ DATE OF BIRTH / /

NAME _____ DATE OF BIRTH / /

PLACE OF BIRTH _____ DATE OF DEATH / /

SPOUCE'S NAME _____ DATE OF BIRTH / /

NAME _____ DATE OF BIRTH / /

PLACE OF BIRTH _____ DATE OF DEATH / /

SPOUCE'S NAME _____ DATE OF BIRTH / /

GRANDMOTHER'S SIBLINGS

NAME _____ DATE OF BIRTH / /

PLACE OF BIRTH _____ DATE OF DEATH / /

SPOUCE'S NAME _____ DATE OF BIRTH / /

NAME _____ DATE OF BIRTH / /

PLACE OF BIRTH _____ DATE OF DEATH / /

SPOUCE'S NAME _____ DATE OF BIRTH / /

NAME _____ DATE OF BIRTH / /

PLACE OF BIRTH _____ DATE OF DEATH / /

SPOUCE'S NAME _____ DATE OF BIRTH / /

NAME _____ DATE OF BIRTH / /

PLACE OF BIRTH _____ DATE OF DEATH / /

SPOUCE'S NAME _____ DATE OF BIRTH / /

NAME _____ DATE OF BIRTH / /

PLACE OF BIRTH _____ DATE OF DEATH / /

SPOUCE'S NAME _____ DATE OF BIRTH / /

NAME _____ DATE OF BIRTH / /

PLACE OF BIRTH _____ DATE OF DEATH / /

SPOUCE'S NAME _____ DATE OF BIRTH / /

NAME _____ DATE OF BIRTH / /

PLACE OF BIRTH _____ DATE OF DEATH / /

SPOUCE'S NAME _____ DATE OF BIRTH / /

PERSONAL

NAME

NICKNAME

DATE OF BIRTH / /   PLACE OF BIRTH

COLOR OF EYES   COLOR OF HAIR   HEIGHT   RACE

LANGUAGE(S)   RELIGION   (R) OR (L) HANDED

SPOUSE   WEDDING DATE / /

DATE OF DEATH / /   BURIAL PLACE

PLACES LIVED

PICTURE
3½" x 3½"

EDUCATION

SCHOOL   YEARS   DEGREE

BIOGRAPHY

MILITARY

BRANCH   RANK   YEARS

DEPLOYMENTS

SPECIALTY   DECORATIONS

PROFESSION

OCCUPATION   COMPANY   YEARS

DNA GENEALOGY

%
PERCENTAGE ORIGIN
%
%
%
%
%

%
%
%
%
%
%

PICTURES

PERSONAL

NAME _____

MAIDEN NAME _____ NICKNAME _____

DATE of BIRTH _____ / _____ / _____ PLACE of BIRTH _____

COLOR of EYES _____ COLOR of HAIR _____ HEIGHT _____ RACE _____

LANGUAGE(S) _____ RELIGION _____ (R) or (L) HANDED _____

SPOUSE _____ WEDDING DATE _____ / _____ / _____

DATE of DEATH _____ / _____ / _____ BURIAL PLACE _____

PLACES LIVED _____
_____

PICTURE

3½" x 3¼"

EDUCATION

SCHOOL _____ YEARS _____ DEGREE _____
_____
_____

BIOGRAPHY
_____
_____
_____

MILITARY

BRANCH _____ RANK _____ YEARS _____

DEPLOYMENTS _____

SPECIALTY _____ DECORATIONS _____

PROFESSION

OCCUPATION _____ COMPANY _____ YEARS _____
_____
_____
_____

DNA GENEALOGY

_____% _____ PERCENTAGE ORIGIN
_____% _____
_____% _____
_____% _____
_____% _____
_____% _____

_____% _____
_____% _____
_____% _____
_____% _____
_____% _____
_____% _____

NAME _____

/ /
DATE OF BIRTH   PLACE OF BIRTH

EYE COLOR   HAIR COLOR   HEIGHT   (R) OR (L) HANDED   LANGUAGE(S)

/ /
DATE OF DEATH   BURIAL PLACE

SPOUSE _____

/ /
DATE OF BIRTH   PLACE OF BIRTH

NAME _____

/ /
DATE OF BIRTH   PLACE OF BIRTH

EYE COLOR   HAIR COLOR   HEIGHT   (R) OR (L) HANDED   LANGUAGE(S)

/ /
DATE OF DEATH   BURIAL PLACE

SPOUSE _____

/ /
DATE OF BIRTH   PLACE OF BIRTH

NAME _____

/ /
DATE OF BIRTH   PLACE OF BIRTH

EYE COLOR   HAIR COLOR   HEIGHT   (R) OR (L) HANDED   LANGUAGE(S)

/ /
DATE OF DEATH   BURIAL PLACE

SPOUSE _____

/ /
DATE OF BIRTH   PLACE OF BIRTH

NAME _____

/ /
DATE OF BIRTH   PLACE OF BIRTH

EYE COLOR   HAIR COLOR   HEIGHT   (R) OR (L) HANDED   LANGUAGE(S)

/ /
DATE OF DEATH   BURIAL PLACE

SPOUSE _____

/ /
DATE OF BIRTH   PLACE OF BIRTH

NAME _____

/ /
DATE OF BIRTH   PLACE OF BIRTH

EYE COLOR   HAIR COLOR   HEIGHT   (R) OR (L) HANDED   LANGUAGE(S)

/ /
DATE OF DEATH   BURIAL PLACE

SPOUSE _____

/ /
DATE OF BIRTH   PLACE OF BIRTH

NAME _____

/ /
DATE OF BIRTH   PLACE OF BIRTH

EYE COLOR   HAIR COLOR   HEIGHT   (R) OR (L) HANDED   LANGUAGE(S)

/ /
DATE OF DEATH   BURIAL PLACE

SPOUSE _____

/ /
DATE OF BIRTH   PLACE OF BIRTH

NAME _____

/ /
DATE OF BIRTH   PLACE OF BIRTH

EYE COLOR   HAIR COLOR   HEIGHT   (R) OR (L) HANDED   LANGUAGE(S)

/ /
DATE OF DEATH   BURIAL PLACE

SPOUSE _____

/ /
DATE OF BIRTH   PLACE OF BIRTH

GRANDFATHER'S SIBLINGS

NAME _____ DATE OF BIRTH / /

PLACE OF BIRTH _____ DATE OF DEATH / /

SPOUCE'S NAME _____ DATE OF BIRTH / /

NAME _____ DATE OF BIRTH / /

PLACE OF BIRTH _____ DATE OF DEATH / /

SPOUCE'S NAME _____ DATE OF BIRTH / /

NAME _____ DATE OF BIRTH / /

PLACE OF BIRTH _____ DATE OF DEATH / /

SPOUCE'S NAME _____ DATE OF BIRTH / /

NAME _____ DATE OF BIRTH / /

PLACE OF BIRTH _____ DATE OF DEATH / /

SPOUCE'S NAME _____ DATE OF BIRTH / /

NAME _____ DATE OF BIRTH / /

PLACE OF BIRTH _____ DATE OF DEATH / /

SPOUCE'S NAME _____ DATE OF BIRTH / /

NAME _____ DATE OF BIRTH / /

PLACE OF BIRTH _____ DATE OF DEATH / /

SPOUCE'S NAME _____ DATE OF BIRTH / /

NAME _____ DATE OF BIRTH / /

PLACE OF BIRTH _____ DATE OF DEATH / /

SPOUCE'S NAME _____ DATE OF BIRTH / /

GRANDMOTHER'S SIBLINGS

NAME _____ DATE OF BIRTH / /

PLACE OF BIRTH _____ DATE OF DEATH / /

SPOUCE'S NAME _____ DATE OF BIRTH / /

NAME _____ DATE OF BIRTH / /

PLACE OF BIRTH _____ DATE OF DEATH / /

SPOUCE'S NAME _____ DATE OF BIRTH / /

NAME _____ DATE OF BIRTH / /

PLACE OF BIRTH _____ DATE OF DEATH / /

SPOUCE'S NAME _____ DATE OF BIRTH / /

NAME _____ DATE OF BIRTH / /

PLACE OF BIRTH _____ DATE OF DEATH / /

SPOUCE'S NAME _____ DATE OF BIRTH / /

NAME _____ DATE OF BIRTH / /

PLACE OF BIRTH _____ DATE OF DEATH / /

SPOUCE'S NAME _____ DATE OF BIRTH / /

NAME _____ DATE OF BIRTH / /

PLACE OF BIRTH _____ DATE OF DEATH / /

SPOUCE'S NAME _____ DATE OF BIRTH / /

NAME _____ DATE OF BIRTH / /

PLACE OF BIRTH _____ DATE OF DEATH / /

SPOUCE'S NAME _____ DATE OF BIRTH / /

PICTURE

3½" x 3½"

PERSONAL

NAME

NICKNAME

DATE OF BIRTH   PLACE OF BIRTH

COLOR OF EYES   COLOR OF HAIR   HEIGHT   RACE

LANGUAGE(S)   RELIGION   (R) OR (L) HANDED

SPOUSE   WEDDING DATE

DATE OF DEATH   BURIAL PLACE

PLACES LIVED

EDUCATION

SCHOOL   YEARS   DEGREE

MILITARY

BRANCH   RANK   YEARS

DEPLOYMENTS

SPECIALTY   DECORATIONS

PROFESSION

OCCUPATION   COMPANY   YEARS

BIOGRAPHY

DNA GENEALOGY

%
PERCENTAGE ORIGIN
%

%

%

%

%

%

%

%

%

%

%

PICTURES

PERSONAL

NAME _____

MAIDEN NAME _____ NICKNAME _____

DATE OF BIRTH ___/___/___ PLACE OF BIRTH _____

COLOR OF EYES _____ COLOR OF HAIR _____ HEIGHT _____ RACE _____

LANGUAGE(S) _____ RELIGION _____ (R) OR (L) HANDED _____

SPOUSE _____ WEDDING DATE _____

DATE OF DEATH ___/___/___ BURIAL PLACE _____

PLACES LIVED _____
_____ _____ _____

PICTURE
3¼" x 3¼"

EDUCATION

SCHOOL _____ YEARS _____ DEGREE _____
_____ _____ _____
_____ _____ _____

BIOGRAPHY
_____
_____
_____

MILITARY

BRANCH _____ RANK _____ YEARS _____

DEPLOYMENTS _____

SPECIALTY _____ DECORATIONS _____

_____
_____

PROFESSION

OCCUPATION _____ COMPANY _____ YEARS _____
_____ _____ _____
_____ _____ _____
_____ _____ _____

_____
_____
_____
_____

DNA GENEALOGY

_____ %
PERCENTAGE ORIGIN
_____ %
_____ %
_____ %
_____ %
_____ %

_____ %
_____ %
_____ %
_____ %
_____ %

PICTURES

NAME _____ DATE OF BIRTH __/__/__ PLACE OF BIRTH _____

EYE COLOR ___ HAIR COLOR ___ HEIGHT ___ (R) OR (L) HANDED ___ LANGUAGE(S) ___ DATE OF DEATH __/__/__ BURIAL PLACE _____

SPOUCE _____ DATE OF BIRTH __/__/__ PLACE OF BIRTH _____

NAME _____ DATE OF BIRTH __/__/__ PLACE OF BIRTH _____

EYE COLOR ___ HAIR COLOR ___ HEIGHT ___ (R) OR (L) HANDED ___ LANGUAGE(S) ___ DATE OF DEATH __/__/__ BURIAL PLACE _____

SPOUCE _____ DATE OF BIRTH __/__/__ PLACE OF BIRTH _____

NAME _____ DATE OF BIRTH __/__/__ PLACE OF BIRTH _____

EYE COLOR ___ HAIR COLOR ___ HEIGHT ___ (R) OR (L) HANDED ___ LANGUAGE(S) ___ DATE OF DEATH __/__/__ BURIAL PLACE _____

SPOUCE _____ DATE OF BIRTH __/__/__ PLACE OF BIRTH _____

NAME _____ DATE OF BIRTH __/__/__ PLACE OF BIRTH _____

EYE COLOR ___ HAIR COLOR ___ HEIGHT ___ (R) OR (L) HANDED ___ LANGUAGE(S) ___ DATE OF DEATH __/__/__ BURIAL PLACE _____

SPOUCE _____ DATE OF BIRTH __/__/__ PLACE OF BIRTH _____

NAME _____ DATE OF BIRTH __/__/__ PLACE OF BIRTH _____

EYE COLOR ___ HAIR COLOR ___ HEIGHT ___ (R) OR (L) HANDED ___ LANGUAGE(S) ___ DATE OF DEATH __/__/__ BURIAL PLACE _____

SPOUCE _____ DATE OF BIRTH __/__/__ PLACE OF BIRTH _____

NAME _____ DATE OF BIRTH __/__/__ PLACE OF BIRTH _____

EYE COLOR ___ HAIR COLOR ___ HEIGHT ___ (R) OR (L) HANDED ___ LANGUAGE(S) ___ DATE OF DEATH __/__/__ BURIAL PLACE _____

SPOUCE _____ DATE OF BIRTH __/__/__ PLACE OF BIRTH _____

NAME _____ DATE OF BIRTH __/__/__ PLACE OF BIRTH _____

EYE COLOR ___ HAIR COLOR ___ HEIGHT ___ (R) OR (L) HANDED ___ LANGUAGE(S) ___ DATE OF DEATH __/__/__ BURIAL PLACE _____

SPOUCE _____ DATE OF BIRTH __/__/__ PLACE OF BIRTH _____

NAME _____ DATE OF BIRTH __/__/__ PLACE OF BIRTH _____

EYE COLOR ___ HAIR COLOR ___ HEIGHT ___ (R) OR (L) HANDED ___ LANGUAGE(S) ___ DATE OF DEATH __/__/__ BURIAL PLACE _____

SPOUCE _____ DATE OF BIRTH __/__/__ PLACE OF BIRTH _____

GRANDFATHER'S SIBLINGS		GRANDMOTHER'S SIBLINGS	
NAME	/ / DATE OF BIRTH	NAME	/ / DATE OF BIRTH
PLACE OF BIRTH	/ / DATE OF DEATH	PLACE OF BIRTH	/ / DATE OF DEATH
SPOUCE'S NAME	/ / DATE OF BIRTH	SPOUCE'S NAME	/ / DATE OF BIRTH
NAME	/ / DATE OF BIRTH	NAME	/ / DATE OF BIRTH
PLACE OF BIRTH	/ / DATE OF DEATH	PLACE OF BIRTH	/ / DATE OF DEATH
SPOUCE'S NAME	/ / DATE OF BIRTH	SPOUCE'S NAME	/ / DATE OF BIRTH
NAME	/ / DATE OF BIRTH	NAME	/ / DATE OF BIRTH
PLACE OF BIRTH	/ / DATE OF DEATH	PLACE OF BIRTH	/ / DATE OF DEATH
SPOUCE'S NAME	/ / DATE OF BIRTH	SPOUCE'S NAME	/ / DATE OF BIRTH
NAME	/ / DATE OF BIRTH	NAME	/ / DATE OF BIRTH
PLACE OF BIRTH	/ / DATE OF DEATH	PLACE OF BIRTH	/ / DATE OF DEATH
SPOUCE'S NAME	/ / DATE OF BIRTH	SPOUCE'S NAME	/ / DATE OF BIRTH
NAME	/ / DATE OF BIRTH	NAME	/ / DATE OF BIRTH
PLACE OF BIRTH	/ / DATE OF DEATH	PLACE OF BIRTH	/ / DATE OF DEATH
SPOUCE'S NAME	/ / DATE OF BIRTH	SPOUCE'S NAME	/ / DATE OF BIRTH
NAME	/ / DATE OF BIRTH	NAME	/ / DATE OF BIRTH
PLACE OF BIRTH	/ / DATE OF DEATH	PLACE OF BIRTH	/ / DATE OF DEATH
SPOUCE'S NAME	/ / DATE OF BIRTH	SPOUCE'S NAME	/ / DATE OF BIRTH
NAME	/ / DATE OF BIRTH	NAME	/ / DATE OF BIRTH
PLACE OF BIRTH	/ / DATE OF DEATH	PLACE OF BIRTH	/ / DATE OF DEATH
SPOUCE'S NAME	/ / DATE OF BIRTH	SPOUCE'S NAME	/ / DATE OF BIRTH

PERSONAL

NAME

NICKNAME

DATE OF BIRTH   PLACE OF BIRTH

COLOR OF EYES   COLOR OF HAIR   HEIGHT   RACE

LANGUAGE(S)   RELIGION   (R) OR (L) HANDED

SPOUSE   WEDDING DATE

DATE OF DEATH   BURIAL PLACE

PLACES LIVED

PICTURE
3¼" x 3½"

EDUCATION

SCHOOL   YEARS   DEGREE

BIOGRAPHY

MILITARY

BRANCH   RANK   YEARS

DEPLOYMENTS

SPECIALTY   DECORATIONS

PROFESSION

OCCUPATION   COMPANY   YEARS

DNA GENEALOGY

%
PERCENTAGE ORIGIN
%

%

%

%

%

%

%

%

%

%

PICTURES

PERSONAL

NAME

MAIDEN NAME   NICKNAME

DATE OF BIRTH   PLACE OF BIRTH

COLOR OF EYES   COLOR OF HAIR   HEIGHT   RACE

LANGUAGE(S)   RELIGION   (R) OR (L) HANDED

SPOUSE   WEDDING DATE

DATE OF DEATH   BURIAL PLACE

PLACES LIVED

PICTURE
3½" x 3½"

EDUCATION

SCHOOL   YEARS   DEGREE

MILITARY

BRANCH   RANK   YEARS

DEPLOYMENTS

SPECIALTY   DECORATIONS

PROFESSION

OCCUPATION   COMPANY   YEARS

BIOGRAPHY

DNA GENEALOGY

%
PERCENTAGE ORIGIN
%

%

%

%

%

%

%

%

%

%

%

PICTURES

NAME _____ DATE OF BIRTH __/__/__ PLACE OF BIRTH _____

EYE COLOR ___ HAIR COLOR ___ HEIGHT ___ (R) OR (L) HANDED ___ LANGUAGE(S) ___ DATE OF DEATH __/__/__ BURIAL PLACE _____

SPOUSE _____ DATE OF BIRTH __/__/__ PLACE OF BIRTH _____

NAME _____ DATE OF BIRTH __/__/__ PLACE OF BIRTH _____

EYE COLOR ___ HAIR COLOR ___ HEIGHT ___ (R) OR (L) HANDED ___ LANGUAGE(S) ___ DATE OF DEATH __/__/__ BURIAL PLACE _____

SPOUSE _____ DATE OF BIRTH __/__/__ PLACE OF BIRTH _____

NAME _____ DATE OF BIRTH __/__/__ PLACE OF BIRTH _____

EYE COLOR ___ HAIR COLOR ___ HEIGHT ___ (R) OR (L) HANDED ___ LANGUAGE(S) ___ DATE OF DEATH __/__/__ BURIAL PLACE _____

SPOUSE _____ DATE OF BIRTH __/__/__ PLACE OF BIRTH _____

NAME _____ DATE OF BIRTH __/__/__ PLACE OF BIRTH _____

EYE COLOR ___ HAIR COLOR ___ HEIGHT ___ (R) OR (L) HANDED ___ LANGUAGE(S) ___ DATE OF DEATH __/__/__ BURIAL PLACE _____

SPOUSE _____ DATE OF BIRTH __/__/__ PLACE OF BIRTH _____

NAME _____ DATE OF BIRTH __/__/__ PLACE OF BIRTH _____

EYE COLOR ___ HAIR COLOR ___ HEIGHT ___ (R) OR (L) HANDED ___ LANGUAGE(S) ___ DATE OF DEATH __/__/__ BURIAL PLACE _____

SPOUSE _____ DATE OF BIRTH __/__/__ PLACE OF BIRTH _____

NAME _____ DATE OF BIRTH __/__/__ PLACE OF BIRTH _____

EYE COLOR ___ HAIR COLOR ___ HEIGHT ___ (R) OR (L) HANDED ___ LANGUAGE(S) ___ DATE OF DEATH __/__/__ BURIAL PLACE _____

SPOUSE _____ DATE OF BIRTH __/__/__ PLACE OF BIRTH _____

NAME _____ DATE OF BIRTH __/__/__ PLACE OF BIRTH _____

EYE COLOR ___ HAIR COLOR ___ HEIGHT ___ (R) OR (L) HANDED ___ LANGUAGE(S) ___ DATE OF DEATH __/__/__ BURIAL PLACE _____

SPOUSE _____ DATE OF BIRTH __/__/__ PLACE OF BIRTH _____

	/ /
NAME	DATE OF BIRTH

	/ /
PLACE OF BIRTH	DATE OF DEATH

	/ /
SPOUCE'S NAME	DATE OF BIRTH

	/ /
NAME	DATE OF BIRTH

	/ /
PLACE OF BIRTH	DATE OF DEATH

	/ /
SPOUCE'S NAME	DATE OF BIRTH

	/ /
NAME	DATE OF BIRTH

	/ /
PLACE OF BIRTH	DATE OF DEATH

	/ /
SPOUCE'S NAME	DATE OF BIRTH

	/ /
NAME	DATE OF BIRTH

	/ /
PLACE OF BIRTH	DATE OF DEATH

	/ /
SPOUCE'S NAME	DATE OF BIRTH

	/ /
NAME	DATE OF BIRTH

	/ /
PLACE OF BIRTH	DATE OF DEATH

	/ /
SPOUCE'S NAME	DATE OF BIRTH

	/ /
NAME	DATE OF BIRTH

	/ /
PLACE OF BIRTH	DATE OF DEATH

	/ /
SPOUCE'S NAME	DATE OF BIRTH

	/ /
NAME	DATE OF BIRTH

	/ /
PLACE OF BIRTH	DATE OF DEATH

	/ /
SPOUCE'S NAME	DATE OF BIRTH

PERSONAL

NAME

NICKNAME

DATE of BIRTH   PLACE of BIRTH

COLOR of EYES   COLOR of HAIR   HEIGHT   RACE

LANGUAGE(S)   RELIGION   (R) or (L) HANDED

SPOUSE   WEDDING DATE

DATE of DEATH   BURIAL PLACE

PLACES LIVED

PICTURE

3½" x 3½"

EDUCATION

SCHOOL   YEARS   DEGREE

BIOGRAPHY

MILITARY

BRANCH   RANK   YEARS

DEPLOYMENTS

SPECIALTY   DECORATIONS

PROFESSION

OCCUPATION   COMPANY   YEARS

DNA GENEALOGY

%
PERCENTAGE ORIGIN
%
%
%
%
%

%
%
%
%
%
%

PICTURES

PERSONAL

NAME

MAIDEN NAME   NICKNAME

DATE OF BIRTH   PLACE OF BIRTH

COLOR OF EYES   COLOR OF HAIR   HEIGHT   RACE

LANGUAGE(S)   RELIGION   (R) OR (L) HANDED

SPOUSE   WEDDING DATE

DATE OF DEATH   BURIAL PLACE

PLACES LIVED

PICTURE
3½" x 3½"

EDUCATION

SCHOOL   YEARS   DEGREE

BIOGRAPHY

MILITARY

BRANCH   RANK   YEARS

DEPLOYMENTS

SPECIALTY   DECORATIONS

PROFESSION

OCCUPATION   COMPANY   YEARS

DNA GENEALOGY

%
PERCENTAGE ORIGIN
%

%

%

%

%

%

%

%

%

%

%

PICTURES

NAME _____ DATE OF BIRTH / /   PLACE OF BIRTH

EYE COLOR   HAIR COLOR   HEIGHT   (R) OR (L) HANDED   LANGUAGE(S)   DATE OF DEATH / /   BURIAL PLACE

SPOUCE _____ DATE OF BIRTH / /   PLACE OF BIRTH

NAME _____ DATE OF BIRTH / /   PLACE OF BIRTH

EYE COLOR   HAIR COLOR   HEIGHT   (R) OR (L) HANDED   LANGUAGE(S)   DATE OF DEATH / /   BURIAL PLACE

SPOUCE _____ DATE OF BIRTH / /   PLACE OF BIRTH

NAME _____ DATE OF BIRTH / /   PLACE OF BIRTH

EYE COLOR   HAIR COLOR   HEIGHT   (R) OR (L) HANDED   LANGUAGE(S)   DATE OF DEATH / /   BURIAL PLACE

SPOUCE _____ DATE OF BIRTH / /   PLACE OF BIRTH

NAME _____ DATE OF BIRTH / /   PLACE OF BIRTH

EYE COLOR   HAIR COLOR   HEIGHT   (R) OR (L) HANDED   LANGUAGE(S)   DATE OF DEATH / /   BURIAL PLACE

SPOUCE _____ DATE OF BIRTH / /   PLACE OF BIRTH

NAME _____ DATE OF BIRTH / /   PLACE OF BIRTH

EYE COLOR   HAIR COLOR   HEIGHT   (R) OR (L) HANDED   LANGUAGE(S)   DATE OF DEATH / /   BURIAL PLACE

SPOUCE _____ DATE OF BIRTH / /   PLACE OF BIRTH

NAME _____ DATE OF BIRTH / /   PLACE OF BIRTH

EYE COLOR   HAIR COLOR   HEIGHT   (R) OR (L) HANDED   LANGUAGE(S)   DATE OF DEATH / /   BURIAL PLACE

SPOUCE _____ DATE OF BIRTH / /   PLACE OF BIRTH

NAME _____ DATE OF BIRTH / /   PLACE OF BIRTH

EYE COLOR   HAIR COLOR   HEIGHT   (R) OR (L) HANDED   LANGUAGE(S)   DATE OF DEATH / /   BURIAL PLACE

SPOUCE _____ DATE OF BIRTH / /   PLACE OF BIRTH

NAME _____ / / DATE OF BIRTH

PLACE OF BIRTH _____ / / DATE OF DEATH

SPOUCE'S NAME _____ / / DATE OF BIRTH

NAME _____ / / DATE OF BIRTH

PLACE OF BIRTH _____ / / DATE OF DEATH

SPOUCE'S NAME _____ / / DATE OF BIRTH

NAME _____ / / DATE OF BIRTH

PLACE OF BIRTH _____ / / DATE OF DEATH

SPOUCE'S NAME _____ / / DATE OF BIRTH

NAME _____ / / DATE OF BIRTH

PLACE OF BIRTH _____ / / DATE OF DEATH

SPOUCE'S NAME _____ / / DATE OF BIRTH

NAME _____ / / DATE OF BIRTH

PLACE OF BIRTH _____ / / DATE OF DEATH

SPOUCE'S NAME _____ / / DATE OF BIRTH

NAME _____ / / DATE OF BIRTH

PLACE OF BIRTH _____ / / DATE OF DEATH

SPOUCE'S NAME _____ / / DATE OF BIRTH

NAME _____ / / DATE OF BIRTH

PLACE OF BIRTH _____ / / DATE OF DEATH

SPOUCE'S NAME _____ / / DATE OF BIRTH

NAME _____ / / DATE OF BIRTH

PLACE OF BIRTH _____ / / DATE OF DEATH

SPOUCE'S NAME _____ / / DATE OF BIRTH

NAME _____ / / DATE OF BIRTH

PLACE OF BIRTH _____ / / DATE OF DEATH

SPOUCE'S NAME _____ / / DATE OF BIRTH

NAME _____ / / DATE OF BIRTH

PLACE OF BIRTH _____ / / DATE OF DEATH

SPOUCE'S NAME _____ / / DATE OF BIRTH

NAME _____ / / DATE OF BIRTH

PLACE OF BIRTH _____ / / DATE OF DEATH

SPOUCE'S NAME _____ / / DATE OF BIRTH

NAME _____ / / DATE OF BIRTH

PLACE OF BIRTH _____ / / DATE OF DEATH

SPOUCE'S NAME _____ / / DATE OF BIRTH

NAME _____ / / DATE OF BIRTH

PLACE OF BIRTH _____ / / DATE OF DEATH

SPOUCE'S NAME _____ / / DATE OF BIRTH

NAME _____ / / DATE OF BIRTH

PLACE OF BIRTH _____ / / DATE OF DEATH

SPOUCE'S NAME _____ / / DATE OF BIRTH

PERSONAL

NAME _____

NICKNAME _____

DATE OF BIRTH ____/____/____   PLACE OF BIRTH _____

COLOR OF EYES _____ COLOR OF HAIR _____ HEIGHT _____ RACE _____

LANGUAGE(S) _____ RELIGION _____ (R) OR (L) HANDED _____

SPOUSE _____ WEDDING DATE ____/____/____

DATE OF DEATH ____/____/____   BURIAL PLACE _____

PLACES LIVED _____
_____

PICTURE
3½" x 3½"

EDUCATION

SCHOOL _____ YEARS _____ DEGREE _____
_____
_____
_____

MILITARY

BRANCH _____ RANK _____ YEARS _____

DEPLOYMENTS _____

SPECIALTY _____ DECORATIONS _____

BIOGRAPHY _____
_____
_____
_____
_____
_____

PROFESSION

OCCUPATION _____ COMPANY _____ YEARS _____
_____
_____
_____

DNA GENEALOGY

____%
PERCENTAGE ORIGIN
____%
____%
____%
____%
____%

____%
____%
____%
____%
____%
____%

PICTURES

PERSONAL

NAME _____

MAIDEN NAME _____ NICKNAME _____

DATE OF BIRTH _____ PLACE OF BIRTH _____

COLOR OF EYES ___ COLOR OF HAIR ___ HEIGHT ___ RACE ___

LANGUAGE(S) _____ RELIGION _____ (R) OR (L) HANDED ___

SPOUSE _____ WEDDING DATE _____

DATE OF DEATH _____ BURIAL PLACE _____

PLACES LIVED _____

PICTURE
3¼" x 3¼"

EDUCATION

SCHOOL _____ YEARS _____ DEGREE _____

BIOGRAPHY _____

MILITARY

BRANCH _____ RANK _____ YEARS _____

DEPLOYMENTS _____

SPECIALTY _____ DECORATIONS _____

PROFESSION

OCCUPATION ___ COMPANY _____ YEARS _____

DNA GENEALOGY

___ % _____ PERCENTAGE ORIGIN

___ % _____   ___ % _____

___ % _____   ___ % _____

___ % _____   ___ % _____

___ % _____   ___ % _____

___ % _____   ___ % _____

___ % _____   ___ % _____

PICTURES

NAME _____

DATE OF BIRTH ___/___/___   PLACE OF BIRTH _____

EYE COLOR _____ HAIR COLOR _____ HEIGHT _____ (R) OR (L) HANDED _____ LANGUAGE(S) _____

DATE OF DEATH ___/___/___   BURIAL PLACE _____

SPOUCE _____

DATE OF BIRTH ___/___/___   PLACE OF BIRTH _____

NAME _____

DATE OF BIRTH ___/___/___   PLACE OF BIRTH _____

EYE COLOR _____ HAIR COLOR _____ HEIGHT _____ (R) OR (L) HANDED _____ LANGUAGE(S) _____

DATE OF DEATH ___/___/___   BURIAL PLACE _____

SPOUCE _____

DATE OF BIRTH ___/___/___   PLACE OF BIRTH _____

NAME _____

DATE OF BIRTH ___/___/___   PLACE OF BIRTH _____

EYE COLOR _____ HAIR COLOR _____ HEIGHT _____ (R) OR (L) HANDED _____ LANGUAGE(S) _____

DATE OF DEATH ___/___/___   BURIAL PLACE _____

SPOUCE _____

DATE OF BIRTH ___/___/___   PLACE OF BIRTH _____

NAME _____

DATE OF BIRTH ___/___/___   PLACE OF BIRTH _____

EYE COLOR _____ HAIR COLOR _____ HEIGHT _____ (R) OR (L) HANDED _____ LANGUAGE(S) _____

DATE OF DEATH ___/___/___   BURIAL PLACE _____

SPOUCE _____

DATE OF BIRTH ___/___/___   PLACE OF BIRTH _____

NAME _____

DATE OF BIRTH ___/___/___   PLACE OF BIRTH _____

EYE COLOR _____ HAIR COLOR _____ HEIGHT _____ (R) OR (L) HANDED _____ LANGUAGE(S) _____

DATE OF DEATH ___/___/___   BURIAL PLACE _____

SPOUCE _____

DATE OF BIRTH ___/___/___   PLACE OF BIRTH _____

NAME _____

DATE OF BIRTH ___/___/___   PLACE OF BIRTH _____

EYE COLOR _____ HAIR COLOR _____ HEIGHT _____ (R) OR (L) HANDED _____ LANGUAGE(S) _____

DATE OF DEATH ___/___/___   BURIAL PLACE _____

SPOUCE _____

DATE OF BIRTH ___/___/___   PLACE OF BIRTH _____

NAME _____

DATE OF BIRTH ___/___/___   PLACE OF BIRTH _____

EYE COLOR _____ HAIR COLOR _____ HEIGHT _____ (R) OR (L) HANDED _____ LANGUAGE(S) _____

DATE OF DEATH ___/___/___   BURIAL PLACE _____

SPOUCE _____

DATE OF BIRTH ___/___/___   PLACE OF BIRTH _____

NAME _____ / / DATE OF BIRTH

PLACE OF BIRTH _____ / / DATE OF DEATH

SPOUCE'S NAME _____ / / DATE OF BIRTH

NAME _____ / / DATE OF BIRTH

PLACE OF BIRTH _____ / / DATE OF DEATH

SPOUCE'S NAME _____ / / DATE OF BIRTH

NAME _____ / / DATE OF BIRTH

PLACE OF BIRTH _____ / / DATE OF DEATH

SPOUCE'S NAME _____ / / DATE OF BIRTH

NAME _____ / / DATE OF BIRTH

PLACE OF BIRTH _____ / / DATE OF DEATH

SPOUCE'S NAME _____ / / DATE OF BIRTH

NAME _____ / / DATE OF BIRTH

PLACE OF BIRTH _____ / / DATE OF DEATH

SPOUCE'S NAME _____ / / DATE OF BIRTH

NAME _____ / / DATE OF BIRTH

PLACE OF BIRTH _____ / / DATE OF DEATH

SPOUCE'S NAME _____ / / DATE OF BIRTH

NAME _____ / / DATE OF BIRTH

PLACE OF BIRTH _____ / / DATE OF DEATH

SPOUCE'S NAME _____ / / DATE OF BIRTH

NAME _____ / / DATE OF BIRTH

PLACE OF BIRTH _____ / / DATE OF DEATH

SPOUCE'S NAME _____ DATE OF BIRTH

NAME _____ / / DATE OF BIRTH

PLACE OF BIRTH _____ / / DATE OF DEATH

SPOUCE'S NAME _____ / / DATE OF BIRTH

NAME _____ / / DATE OF BIRTH

PLACE OF BIRTH _____ / / DATE OF DEATH

SPOUCE'S NAME _____ / / DATE OF BIRTH

NAME _____ / / DATE OF BIRTH

PLACE OF BIRTH _____ / / DATE OF DEATH

SPOUCE'S NAME _____ / / DATE OF BIRTH

NAME _____ / / DATE OF BIRTH

PLACE OF BIRTH _____ / / DATE OF DEATH

SPOUCE'S NAME _____ / / DATE OF BIRTH

NAME _____ / / DATE OF BIRTH

PLACE OF BIRTH _____ / / DATE OF DEATH

SPOUCE'S NAME _____ / / DATE OF BIRTH

NAME _____ / / DATE OF BIRTH

PLACE OF BIRTH _____ / / DATE OF DEATH

SPOUCE'S NAME _____ / / DATE OF BIRTH

PERSONAL

NAME

NICKNAME

DATE OF BIRTH   PLACE OF BIRTH

COLOR OF EYES   COLOR OF HAIR   HEIGHT   RACE

LANGUAGE(S)   RELIGION   (R) OR (L) HANDED

SPOUSE   WEDDING DATE

DATE OF DEATH   BURIAL PLACE

PLACES LIVED

PICTURE

3½" x 3½"

EDUCATION

SCHOOL   YEARS   DEGREE

BIOGRAPHY

MILITARY

BRANCH   RANK   YEARS

DEPLOYMENTS

SPECIALTY   DECORATIONS

PROFESSION

OCCUPATION   COMPANY   YEARS

DNA GENEALOGY

%
PERCENTAGE ORIGIN
%

%

%

%

%

%

%

%

%

%

%

PICTURES

PERSONAL

NAME

MAIDEN NAME   NICKNAME

DATE OF BIRTH   PLACE OF BIRTH

COLOR OF EYES   COLOR OF HAIR   HEIGHT   RACE

LANGUAGE(S)   RELIGION   (R) OR (L) HANDED

SPOUSE   WEDDING DATE

DATE OF DEATH   BURIAL PLACE

PLACES LIVED

PICTURE

3½" x 3½"

EDUCATION

SCHOOL   YEARS   DEGREE

BIOGRAPHY

MILITARY

BRANCH   RANK   YEARS

DEPLOYMENTS

SPECIALTY   DECORATIONS

PROFESSION

OCCUPATION   COMPANY   YEARS

DNA GENEALOGY

%
PERCENTAGE ORIGIN

%

%

%

%

%

%

%

%

%

%

%

PICTURES

NAME _____

DATE OF BIRTH __/__/__   PLACE OF BIRTH _____

EYE COLOR ___ HAIR COLOR ___ HEIGHT ___ (R) OR (L) HANDED ___ LANGUAGE(S) ___

DATE OF DEATH __/__/__   BURIAL PLACE _____

SPOUCE _____

DATE OF BIRTH __/__/__   PLACE OF BIRTH _____

NAME _____

DATE OF BIRTH __/__/__   PLACE OF BIRTH _____

EYE COLOR ___ HAIR COLOR ___ HEIGHT ___ (R) OR (L) HANDED ___ LANGUAGE(S) ___

DATE OF DEATH __/__/__   BURIAL PLACE _____

SPOUCE _____

DATE OF BIRTH __/__/__   PLACE OF BIRTH _____

NAME _____

DATE OF BIRTH __/__/__   PLACE OF BIRTH _____

EYE COLOR ___ HAIR COLOR ___ HEIGHT ___ (R) OR (L) HANDED ___ LANGUAGE(S) ___

DATE OF DEATH __/__/__   BURIAL PLACE _____

SPOUCE _____

DATE OF BIRTH __/__/__   PLACE OF BIRTH _____

NAME _____

DATE OF BIRTH __/__/__   PLACE OF BIRTH _____

EYE COLOR ___ HAIR COLOR ___ HEIGHT ___ (R) OR (L) HANDED ___ LANGUAGE(S) ___

DATE OF DEATH __/__/__   BURIAL PLACE _____

SPOUCE _____

DATE OF BIRTH __/__/__   PLACE OF BIRTH _____

NAME _____

DATE OF BIRTH __/__/__   PLACE OF BIRTH _____

EYE COLOR ___ HAIR COLOR ___ HEIGHT ___ (R) OR (L) HANDED ___ LANGUAGE(S) ___

DATE OF DEATH __/__/__   BURIAL PLACE _____

SPOUCE _____

DATE OF BIRTH __/__/__   PLACE OF BIRTH _____

NAME _____

DATE OF BIRTH __/__/__   PLACE OF BIRTH _____

EYE COLOR ___ HAIR COLOR ___ HEIGHT ___ (R) OR (L) HANDED ___ LANGUAGE(S) ___

DATE OF DEATH __/__/__   BURIAL PLACE _____

SPOUCE _____

DATE OF BIRTH __/__/__   PLACE OF BIRTH _____

NAME _____

DATE OF BIRTH __/__/__   PLACE OF BIRTH _____

EYE COLOR ___ HAIR COLOR ___ HEIGHT ___ (R) OR (L) HANDED ___ LANGUAGE(S) ___

DATE OF DEATH __/__/__   BURIAL PLACE _____

SPOUCE _____

DATE OF BIRTH __/__/__   PLACE OF BIRTH _____

NAME _____

DATE OF BIRTH __/__/__   PLACE OF BIRTH _____

EYE COLOR ___ HAIR COLOR ___ HEIGHT ___ (R) OR (L) HANDED ___ LANGUAGE(S) ___

DATE OF DEATH __/__/__   BURIAL PLACE _____

SPOUCE _____

DATE OF BIRTH __/__/__   PLACE OF BIRTH _____

	GREAT GRANDFATHER'S SIBLINGS		GREAT GRANDMOTHER'S SIBLINGS
NAME	/ / DATE OF BIRTH	NAME	/ / DATE OF BIRTH
PLACE OF BIRTH	/ / DATE OF DEATH	PLACE OF BIRTH	/ / DATE OF DEATH
SPOUCE'S NAME	/ / DATE OF BIRTH	SPOUCE'S NAME	/ / DATE OF BIRTH
NAME	/ / DATE OF BIRTH	NAME	/ / DATE OF BIRTH
PLACE OF BIRTH	/ / DATE OF DEATH	PLACE OF BIRTH	/ / DATE OF DEATH
SPOUCE'S NAME	/ / DATE OF BIRTH	SPOUCE'S NAME	/ / DATE OF BIRTH
NAME	/ / DATE OF BIRTH	NAME	/ / DATE OF BIRTH
PLACE OF BIRTH	/ / DATE OF DEATH	PLACE OF BIRTH	/ / DATE OF DEATH
SPOUCE'S NAME	/ / DATE OF BIRTH	SPOUCE'S NAME	/ / DATE OF BIRTH
NAME	/ / DATE OF BIRTH	NAME	/ / DATE OF BIRTH
PLACE OF BIRTH	/ / DATE OF DEATH	PLACE OF BIRTH	/ / DATE OF DEATH
SPOUCE'S NAME	/ / DATE OF BIRTH	SPOUCE'S NAME	/ / DATE OF BIRTH
NAME	/ / DATE OF BIRTH	NAME	/ / DATE OF BIRTH
PLACE OF BIRTH	/ / DATE OF DEATH	PLACE OF BIRTH	/ / DATE OF DEATH
SPOUCE'S NAME	/ / DATE OF BIRTH	SPOUCE'S NAME	/ / DATE OF BIRTH
NAME	/ / DATE OF BIRTH	NAME	/ / DATE OF BIRTH
PLACE OF BIRTH	/ / DATE OF DEATH	PLACE OF BIRTH	/ / DATE OF DEATH
SPOUCE'S NAME	/ / DATE OF BIRTH	SPOUCE'S NAME	/ / DATE OF BIRTH
NAME	/ / DATE OF BIRTH	NAME	/ / DATE OF BIRTH
PLACE OF BIRTH	/ / DATE OF DEATH	PLACE OF BIRTH	/ / DATE OF DEATH
SPOUCE'S NAME	/ / DATE OF BIRTH	SPOUCE'S NAME	/ / DATE OF BIRTH

PERSONAL

NAME

NICKNAME

/ /
DATE OF BIRTH   PLACE OF BIRTH

COLOR OF EYES   COLOR OF HAIR   HEIGHT   RACE

LANGUAGE(S)   RELIGION   (R) OR (L) HANDED
                                                    /
SPOUSE   WEDDING DATE

/ /
DATE OF DEATH   BURIAL PLACE

PLACES LIVED

PICTURE
3½" x 3½"

EDUCATION

SCHOOL   YEARS   DEGREE

BIOGRAPHY

MILITARY

BRANCH   RANK   YEARS

DEPLOYMENTS

SPECIALTY   DECORATIONS

PROFESSION

OCCUPATION   COMPANY   YEARS

DNA GENEALOGY

%
PERCENTAGE ORIGIN
%

%

%

%

%

%

%

%

%

%

%

PERSONAL

NAME

MAIDEN NAME   NICKNAME

DATE OF BIRTH   PLACE OF BIRTH

COLOR OF EYES   COLOR OF HAIR   HEIGHT   RACE

LANGUAGE(S)   RELIGION   (R) OR (L) HANDED

SPOUSE   WEDDING DATE

DATE OF DEATH   BURIAL PLACE

PLACES LIVED

PICTURE

3¼" x 3¼"

EDUCATION

SCHOOL   YEARS   DEGREE

BIOGRAPHY

MILITARY

BRANCH   RANK   YEARS

DEPLOYMENTS

SPECIALTY   DECORATIONS

PROFESSION

OCCUPATION   COMPANY   YEARS

DNA GENEALOGY

%   %

PERCENTAGE ORIGIN

%   %

%   %

%   %

%   %

%   %

CHILDREN

NAME _____ DATE OF BIRTH __/__/__ PLACE OF BIRTH _____

EYE COLOR ___ HAIR COLOR ___ HEIGHT ___ (R) OR (L) HANDED ___ LANGUAGE(S) ___ DATE OF DEATH __/__/__ BURIAL PLACE _____

SPOUCE _____ DATE OF BIRTH __/__/__ PLACE OF BIRTH _____

NAME _____ DATE OF BIRTH __/__/__ PLACE OF BIRTH _____

EYE COLOR ___ HAIR COLOR ___ HEIGHT ___ (R) OR (L) HANDED ___ LANGUAGE(S) ___ DATE OF DEATH __/__/__ BURIAL PLACE _____

SPOUCE _____ DATE OF BIRTH __/__/__ PLACE OF BIRTH _____

NAME _____ DATE OF BIRTH __/__/__ PLACE OF BIRTH _____

EYE COLOR ___ HAIR COLOR ___ HEIGHT ___ (R) OR (L) HANDED ___ LANGUAGE(S) ___ DATE OF DEATH __/__/__ BURIAL PLACE _____

SPOUCE _____ DATE OF BIRTH __/__/__ PLACE OF BIRTH _____

NAME _____ DATE OF BIRTH __/__/__ PLACE OF BIRTH _____

EYE COLOR ___ HAIR COLOR ___ HEIGHT ___ (R) OR (L) HANDED ___ LANGUAGE(S) ___ DATE OF DEATH __/__/__ BURIAL PLACE _____

SPOUCE _____ DATE OF BIRTH __/__/__ PLACE OF BIRTH _____

NAME _____ DATE OF BIRTH __/__/__ PLACE OF BIRTH _____

EYE COLOR ___ HAIR COLOR ___ HEIGHT ___ (R) OR (L) HANDED ___ LANGUAGE(S) ___ DATE OF DEATH __/__/__ BURIAL PLACE _____

SPOUCE _____ DATE OF BIRTH __/__/__ PLACE OF BIRTH _____

NAME _____ DATE OF BIRTH __/__/__ PLACE OF BIRTH _____

EYE COLOR ___ HAIR COLOR ___ HEIGHT ___ (R) OR (L) HANDED ___ LANGUAGE(S) ___ DATE OF DEATH __/__/__ BURIAL PLACE _____

SPOUCE _____ DATE OF BIRTH __/__/__ PLACE OF BIRTH _____

NAME _____ DATE OF BIRTH __/__/__ PLACE OF BIRTH _____

EYE COLOR ___ HAIR COLOR ___ HEIGHT ___ (R) OR (L) HANDED ___ LANGUAGE(S) ___ DATE OF DEATH __/__/__ BURIAL PLACE _____

SPOUCE _____ DATE OF BIRTH __/__/__ PLACE OF BIRTH _____

NAME _____ DATE OF BIRTH __/__/__ PLACE OF BIRTH _____

EYE COLOR ___ HAIR COLOR ___ HEIGHT ___ (R) OR (L) HANDED ___ LANGUAGE(S) ___ DATE OF DEATH __/__/__ BURIAL PLACE _____

SPOUCE _____ DATE OF BIRTH __/__/__ PLACE OF BIRTH _____

GREAT GRANDFATHER'S SIBLINGS

NAME _____ DATE OF BIRTH / /

PLACE OF BIRTH _____ DATE OF DEATH / /

SPOUCE'S NAME _____ DATE OF BIRTH / /

NAME _____ DATE OF BIRTH / /

PLACE OF BIRTH _____ DATE OF DEATH / /

SPOUCE'S NAME _____ DATE OF BIRTH / /

NAME _____ DATE OF BIRTH / /

PLACE OF BIRTH _____ DATE OF DEATH / /

SPOUCE'S NAME _____ DATE OF BIRTH / /

NAME _____ DATE OF BIRTH / /

PLACE OF BIRTH _____ DATE OF DEATH / /

SPOUCE'S NAME _____ DATE OF BIRTH / /

NAME _____ DATE OF BIRTH / /

PLACE OF BIRTH _____ DATE OF DEATH / /

SPOUCE'S NAME _____ DATE OF BIRTH / /

NAME _____ DATE OF BIRTH / /

PLACE OF BIRTH _____ DATE OF DEATH / /

SPOUCE'S NAME _____ DATE OF BIRTH / /

NAME _____ DATE OF BIRTH / /

PLACE OF BIRTH _____ DATE OF DEATH / /

SPOUCE'S NAME _____ DATE OF BIRTH / /

GREAT GRANDMOTHER'S SIBLINGS

NAME _____ DATE OF BIRTH / /

PLACE OF BIRTH _____ DATE OF DEATH / /

SPOUCE'S NAME _____ DATE OF BIRTH / /

NAME _____ DATE OF BIRTH / /

PLACE OF BIRTH _____ DATE OF DEATH / /

SPOUCE'S NAME _____ DATE OF BIRTH / /

NAME _____ DATE OF BIRTH / /

PLACE OF BIRTH _____ DATE OF DEATH / /

SPOUCE'S NAME _____ DATE OF BIRTH / /

NAME _____ DATE OF BIRTH / /

PLACE OF BIRTH _____ DATE OF DEATH / /

SPOUCE'S NAME _____ DATE OF BIRTH / /

NAME _____ DATE OF BIRTH / /

PLACE OF BIRTH _____ DATE OF DEATH / /

SPOUCE'S NAME _____ DATE OF BIRTH / /

NAME _____ DATE OF BIRTH / /

PLACE OF BIRTH _____ DATE OF DEATH / /

SPOUCE'S NAME _____ DATE OF BIRTH / /

NAME _____ DATE OF BIRTH / /

PLACE OF BIRTH _____ DATE OF DEATH / /

SPOUCE'S NAME _____ DATE OF BIRTH / /

PERSONAL

NAME

NICKNAME

DATE OF BIRTH   PLACE OF BIRTH

COLOR OF EYES   COLOR OF HAIR   HEIGHT   RACE

LANGUAGE(S)   RELIGION   (R) OR (L) HANDED

SPOUSE   WEDDING DATE

DATE OF DEATH   BURIAL PLACE

PLACES LIVED

PICTURE
3½" x 3½"

EDUCATION

SCHOOL   YEARS   DEGREE

BIOGRAPHY

MILITARY

BRANCH   RANK   YEARS

DEPLOYMENTS

SPECIALTY   DECORATIONS

PROFESSION

OCCUPATION   COMPANY   YEARS

DNA GENEALOGY

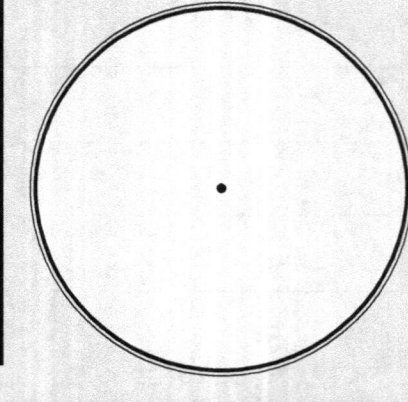

%
PERCENTAGE ORIGIN
%

%

%

%

%

%

%

%

%

PICTURES

PERSONAL

NAME

MAIDEN NAME   NICKNAME

DATE OF BIRTH   PLACE OF BIRTH

COLOR OF EYES   COLOR OF HAIR   HEIGHT   RACE

LANGUAGE(S)   RELIGION   (R) OR (L) HANDED

SPOUSE   WEDDING DATE

DATE OF DEATH   BURIAL PLACE

PLACES LIVED

PICTURE
3½" x 3½"

EDUCATION

SCHOOL   YEARS   DEGREE

BIOGRAPHY

MILITARY

BRANCH   RANK   YEARS

DEPLOYMENTS

SPECIALTY   DECORATIONS

PROFESSION

OCCUPATION   COMPANY   YEARS

DNA GENEALOGY

%
PERCENTAGE ORIGIN
%
%
%
%
%

%
%
%
%
%
%

PICTURES

NAME _____ DATE OF BIRTH / / PLACE OF BIRTH

EYE COLOR | HAIR COLOR | HEIGHT | (R) OR (L) HANDED | LANGUAGE(S) DATE OF DEATH / / BURIAL PLACE

SPOUCE _____ DATE OF BIRTH / / PLACE OF BIRTH

NAME _____ DATE OF BIRTH / / PLACE OF BIRTH

EYE COLOR | HAIR COLOR | HEIGHT | (R) OR (L) HANDED | LANGUAGE(S) DATE OF DEATH / / BURIAL PLACE

SPOUCE _____ DATE OF BIRTH / / PLACE OF BIRTH

NAME _____ DATE OF BIRTH / / PLACE OF BIRTH

EYE COLOR | HAIR COLOR | HEIGHT | (R) OR (L) HANDED | LANGUAGE(S) DATE OF DEATH / / BURIAL PLACE

SPOUCE _____ DATE OF BIRTH / / PLACE OF BIRTH

NAME _____ DATE OF BIRTH / / PLACE OF BIRTH

EYE COLOR | HAIR COLOR | HEIGHT | (R) OR (L) HANDED | LANGUAGE(S) DATE OF DEATH / / BURIAL PLACE

SPOUCE _____ DATE OF BIRTH / / PLACE OF BIRTH

NAME _____ DATE OF BIRTH / / PLACE OF BIRTH

EYE COLOR | HAIR COLOR | HEIGHT | (R) OR (L) HANDED | LANGUAGE(S) DATE OF DEATH / / BURIAL PLACE

SPOUCE _____ DATE OF BIRTH / / PLACE OF BIRTH

NAME _____ DATE OF BIRTH / / PLACE OF BIRTH

EYE COLOR | HAIR COLOR | HEIGHT | (R) OR (L) HANDED | LANGUAGE(S) DATE OF DEATH / / BURIAL PLACE

SPOUCE _____ DATE OF BIRTH / / PLACE OF BIRTH

NAME _____ DATE OF BIRTH / / PLACE OF BIRTH

EYE COLOR | HAIR COLOR | HEIGHT | (R) OR (L) HANDED | LANGUAGE(S) DATE OF DEATH / / BURIAL PLACE

SPOUCE _____ DATE OF BIRTH / / PLACE OF BIRTH

GREAT GRANDFATHER'S SIBLINGS

NAME _____ DATE OF BIRTH / /

PLACE OF BIRTH _____ DATE OF DEATH / /

SPOUCE'S NAME _____ DATE OF BIRTH / /

NAME _____ DATE OF BIRTH / /

PLACE OF BIRTH _____ DATE OF DEATH / /

SPOUCE'S NAME _____ DATE OF BIRTH / /

NAME _____ DATE OF BIRTH / /

PLACE OF BIRTH _____ DATE OF DEATH / /

SPOUCE'S NAME _____ DATE OF BIRTH / /

NAME _____ DATE OF BIRTH / /

PLACE OF BIRTH _____ DATE OF DEATH / /

SPOUCE'S NAME _____ DATE OF BIRTH / /

NAME _____ DATE OF BIRTH / /

PLACE OF BIRTH _____ DATE OF DEATH / /

SPOUCE'S NAME _____ DATE OF BIRTH / /

NAME _____ DATE OF BIRTH / /

PLACE OF BIRTH _____ DATE OF DEATH / /

SPOUCE'S NAME _____ DATE OF BIRTH / /

NAME _____ DATE OF BIRTH / /

PLACE OF BIRTH _____ DATE OF DEATH / /

SPOUCE'S NAME _____ DATE OF BIRTH / /

GREAT GRANDMOTHER'S SIBLINGS

NAME _____ DATE OF BIRTH / /

PLACE OF BIRTH _____ DATE OF DEATH / /

SPOUCE'S NAME _____ DATE OF BIRTH / /

NAME _____ DATE OF BIRTH / /

PLACE OF BIRTH _____ DATE OF DEATH / /

SPOUCE'S NAME _____ DATE OF BIRTH / /

NAME _____ DATE OF BIRTH / /

PLACE OF BIRTH _____ DATE OF DEATH / /

SPOUCE'S NAME _____ DATE OF BIRTH / /

NAME _____ DATE OF BIRTH / /

PLACE OF BIRTH _____ DATE OF DEATH / /

SPOUCE'S NAME _____ DATE OF BIRTH / /

NAME _____ DATE OF BIRTH / /

PLACE OF BIRTH _____ DATE OF DEATH / /

SPOUCE'S NAME _____ DATE OF BIRTH / /

NAME _____ DATE OF BIRTH / /

PLACE OF BIRTH _____ DATE OF DEATH / /

SPOUCE'S NAME _____ DATE OF BIRTH / /

NAME _____ DATE OF BIRTH / /

PLACE OF BIRTH _____ DATE OF DEATH / /

SPOUCE'S NAME _____ DATE OF BIRTH / /

PERSONAL

NAME _____

NICKNAME _____

DATE OF BIRTH ___/___/___   PLACE OF BIRTH _____

COLOR OF EYES _____ COLOR OF HAIR _____ HEIGHT _____ RACE _____

LANGUAGE(S) _____ RELIGION _____ (R) OR (L) HANDED _____

SPOUSE _____ WEDDING DATE ___/___/___

DATE OF DEATH ___/___/___ BURIAL PLACE _____

PLACES LIVED _____

PICTURE
3½" x 3½"

EDUCATION

SCHOOL _____ YEARS _____ DEGREE _____

BIOGRAPHY _____

MILITARY

BRANCH _____ RANK _____ YEARS _____

DEPLOYMENTS _____

SPECIALTY _____ DECORATIONS _____

PROFESSION

OCCUPATION _____ COMPANY _____ YEARS _____

DNA GENEALOGY

___% PERCENTAGE ORIGIN _____   ___% _____

___% _____   ___% _____

___% _____   ___% _____

___% _____   ___% _____

___% _____   ___% _____

___% _____   ___% _____

PICTURES

PERSONAL

NAME

MAIDEN NAME   NICKNAME

DATE OF BIRTH   PLACE OF BIRTH

COLOR OF EYES   COLOR OF HAIR   HEIGHT   RACE

LANGUAGE(S)   RELIGION   (R) OR (L) HANDED

SPOUSE   WEDDING DATE

DATE OF DEATH   BURIAL PLACE

PLACES LIVED

PICTURE

3½" x 3½"

EDUCATION

SCHOOL   YEARS   DEGREE

BIOGRAPHY

MILITARY

BRANCH   RANK   YEARS

DEPLOYMENTS

SPECIALTY   DECORATIONS

PROFESSION

OCCUPATION   COMPANY   YEARS

DNA GENEALOGY

_____%
PERCENTAGE ORIGIN
_____%
_____%
_____%
_____%
_____%

_____%
_____%
_____%
_____%
_____%
_____%

PICTURES

NAME _____ DATE OF BIRTH __/__/__ PLACE OF BIRTH _____

EYE COLOR ____ HAIR COLOR ____ HEIGHT ____ (R) OR (L) HANDED ____ LANGUAGE(S) ____ DATE OF DEATH __/__/__ BURIAL PLACE _____

SPOUCE _____ DATE OF BIRTH __/__/__ PLACE OF BIRTH _____

NAME _____ DATE OF BIRTH __/__/__ PLACE OF BIRTH _____

EYE COLOR ____ HAIR COLOR ____ HEIGHT ____ (R) OR (L) HANDED ____ LANGUAGE(S) ____ DATE OF DEATH __/__/__ BURIAL PLACE _____

SPOUCE _____ DATE OF BIRTH __/__/__ PLACE OF BIRTH _____

NAME _____ DATE OF BIRTH __/__/__ PLACE OF BIRTH _____

EYE COLOR ____ HAIR COLOR ____ HEIGHT ____ (R) OR (L) HANDED ____ LANGUAGE(S) ____ DATE OF DEATH __/__/__ BURIAL PLACE _____

SPOUCE _____ DATE OF BIRTH __/__/__ PLACE OF BIRTH _____

NAME _____ DATE OF BIRTH __/__/__ PLACE OF BIRTH _____

EYE COLOR ____ HAIR COLOR ____ HEIGHT ____ (R) OR (L) HANDED ____ LANGUAGE(S) ____ DATE OF DEATH __/__/__ BURIAL PLACE _____

SPOUCE _____ DATE OF BIRTH __/__/__ PLACE OF BIRTH _____

NAME _____ DATE OF BIRTH __/__/__ PLACE OF BIRTH _____

EYE COLOR ____ HAIR COLOR ____ HEIGHT ____ (R) OR (L) HANDED ____ LANGUAGE(S) ____ DATE OF DEATH __/__/__ BURIAL PLACE _____

SPOUCE _____ DATE OF BIRTH __/__/__ PLACE OF BIRTH _____

NAME _____ DATE OF BIRTH __/__/__ PLACE OF BIRTH _____

EYE COLOR ____ HAIR COLOR ____ HEIGHT ____ (R) OR (L) HANDED ____ LANGUAGE(S) ____ DATE OF DEATH __/__/__ BURIAL PLACE _____

SPOUCE _____ DATE OF BIRTH __/__/__ PLACE OF BIRTH _____

NAME _____ DATE OF BIRTH __/__/__ PLACE OF BIRTH _____

EYE COLOR ____ HAIR COLOR ____ HEIGHT ____ (R) OR (L) HANDED ____ LANGUAGE(S) ____ DATE OF DEATH __/__/__ BURIAL PLACE _____

SPOUCE _____ DATE OF BIRTH __/__/__ PLACE OF BIRTH _____

/ /
NAME _____ DATE OF BIRTH

/ /
PLACE OF BIRTH _____ DATE OF DEATH

/ /
SPOUCE'S NAME _____ DATE OF BIRTH

/ /
NAME _____ DATE OF BIRTH

/ /
PLACE OF BIRTH _____ DATE OF DEATH

/ /
SPOUCE'S NAME _____ DATE OF BIRTH

/ /
NAME _____ DATE OF BIRTH

/ /
PLACE OF BIRTH _____ DATE OF DEATH

/ /
SPOUCE'S NAME _____ DATE OF BIRTH

/ /
NAME _____ DATE OF BIRTH

/ /
PLACE OF BIRTH _____ DATE OF DEATH

/ /
SPOUCE'S NAME _____ DATE OF BIRTH

/ /
NAME _____ DATE OF BIRTH

/ /
PLACE OF BIRTH _____ DATE OF DEATH

/ /
SPOUCE'S NAME _____ DATE OF BIRTH

/ /
NAME _____ DATE OF BIRTH

/ /
PLACE OF BIRTH _____ DATE OF DEATH

/ /
SPOUCE'S NAME _____ DATE OF BIRTH

/ /
NAME _____ DATE OF BIRTH

/ /
PLACE OF BIRTH _____ DATE OF DEATH

/ /
SPOUCE'S NAME _____ DATE OF BIRTH

/ /
NAME _____ DATE OF BIRTH

/ /
PLACE OF BIRTH _____ DATE OF DEATH

/ /
SPOUCE'S NAME _____ DATE OF BIRTH

/ /
NAME _____ DATE OF BIRTH

/ /
PLACE OF BIRTH _____ DATE OF DEATH

/ /
SPOUCE'S NAME _____ DATE OF BIRTH

/ /
NAME _____ DATE OF BIRTH

/ /
PLACE OF BIRTH _____ DATE OF DEATH

/ /
SPOUCE'S NAME _____ DATE OF BIRTH

/ /
NAME _____ DATE OF BIRTH

/ /
PLACE OF BIRTH _____ DATE OF DEATH

/ /
SPOUCE'S NAME _____ DATE OF BIRTH

/ /
NAME _____ DATE OF BIRTH

/ /
PLACE OF BIRTH _____ DATE OF DEATH

/ /
SPOUCE'S NAME _____ DATE OF BIRTH

PERSONAL

NAME

NICKNAME

DATE OF BIRTH   PLACE OF BIRTH

COLOR OF EYES   COLOR OF HAIR   HEIGHT   RACE

LANGUAGE(S)   RELIGION   (R) OR (L) HANDED

SPOUSE   WEDDING DATE

DATE OF DEATH   BURIAL PLACE

PLACES LIVED

PICTURE
3½" x 3½"

EDUCATION

SCHOOL   YEARS   DEGREE

BIOGRAPHY

MILITARY

BRANCH   RANK   YEARS

DEPLOYMENTS

SPECIALTY   DECORATIONS

PROFESSION

OCCUPATION   COMPANY   YEARS

DNA GENEALOGY

%
PERCENTAGE   ORIGIN
%

%

%

%

%

%

%

%

%

%

%

PICTURES

PERSONAL

NAME _____

MAIDEN NAME _____ NICKNAME _____

DATE OF BIRTH ___/___/___ PLACE OF BIRTH _____

COLOR OF EYES _____ COLOR OF HAIR _____ HEIGHT _____ RACE _____

LANGUAGE(S) _____ RELIGION _____ (R) OR (L) HANDED _____

SPOUSE _____ WEDDING DATE ___/___/___

DATE OF DEATH ___/___/___ BURIAL PLACE _____

PLACES LIVED _____

PICTURE

3¼" x 3¼"

EDUCATION

SCHOOL _____ YEARS _____ DEGREE _____

BIOGRAPHY _____

MILITARY

BRANCH _____ RANK _____ YEARS _____

DEPLOYMENTS _____

SPECIALTY _____ DECORATIONS _____

PROFESSION

OCCUPATION _____ COMPANY _____ YEARS _____

DNA GENEALOGY

_____% PERCENTAGE ORIGIN

_____%

_____%

_____%

_____%

_____%

_____%

_____%

_____%

_____%

_____%

_____%

PICTURES

NAME _____

DATE OF BIRTH / /

PLACE OF BIRTH

EYE COLOR | HAIR COLOR | HEIGHT | (R) OR (L) HANDED | LANGUAGE(S)

DATE OF DEATH / /

BURIAL PLACE

SPOUCE _____

DATE OF BIRTH / /

PLACE OF BIRTH

NAME _____

DATE OF BIRTH / /

PLACE OF BIRTH

EYE COLOR | HAIR COLOR | HEIGHT | (R) OR (L) HANDED | LANGUAGE(S)

DATE OF DEATH / /

BURIAL PLACE

SPOUCE _____

DATE OF BIRTH / /

PLACE OF BIRTH

NAME _____

DATE OF BIRTH / /

PLACE OF BIRTH

EYE COLOR | HAIR COLOR | HEIGHT | (R) OR (L) HANDED | LANGUAGE(S)

DATE OF DEATH / /

BURIAL PLACE

SPOUCE _____

DATE OF BIRTH / /

PLACE OF BIRTH

NAME _____

DATE OF BIRTH / /

PLACE OF BIRTH

EYE COLOR | HAIR COLOR | HEIGHT | (R) OR (L) HANDED | LANGUAGE(S)

DATE OF DEATH / /

BURIAL PLACE

SPOUCE _____

DATE OF BIRTH / /

PLACE OF BIRTH

NAME _____

DATE OF BIRTH / /

PLACE OF BIRTH

EYE COLOR | HAIR COLOR | HEIGHT | (R) OR (L) HANDED | LANGUAGE(S)

DATE OF DEATH / /

BURIAL PLACE

SPOUCE _____

DATE OF BIRTH / /

PLACE OF BIRTH

NAME _____

DATE OF BIRTH / /

PLACE OF BIRTH

EYE COLOR | HAIR COLOR | HEIGHT | (R) OR (L) HANDED | LANGUAGE(S)

DATE OF DEATH / /

BURIAL PLACE

SPOUCE _____

DATE OF BIRTH / /

PLACE OF BIRTH

NAME _____

DATE OF BIRTH / /

PLACE OF BIRTH

EYE COLOR | HAIR COLOR | HEIGHT | (R) OR (L) HANDED | LANGUAGE(S)

DATE OF DEATH / /

BURIAL PLACE

SPOUCE _____

DATE OF BIRTH / /

PLACE OF BIRTH

GREAT GRANDFATHER'S SIBLINGS

NAME _____ / / DATE OF BIRTH

PLACE OF BIRTH _____ / / DATE OF DEATH

SPOUCE'S NAME _____ / / DATE OF BIRTH

NAME _____ / / DATE OF BIRTH

PLACE OF BIRTH _____ / / DATE OF DEATH

SPOUCE'S NAME _____ / / DATE OF BIRTH

NAME _____ / / DATE OF BIRTH

PLACE OF BIRTH _____ / / DATE OF DEATH

SPOUCE'S NAME _____ / / DATE OF BIRTH

NAME _____ / / DATE OF BIRTH

PLACE OF BIRTH _____ / / DATE OF DEATH

SPOUCE'S NAME _____ / / DATE OF BIRTH

NAME _____ / / DATE OF BIRTH

PLACE OF BIRTH _____ / / DATE OF DEATH

SPOUCE'S NAME _____ / / DATE OF BIRTH

NAME _____ / / DATE OF BIRTH

PLACE OF BIRTH _____ / / DATE OF DEATH

SPOUCE'S NAME _____ / / DATE OF BIRTH

NAME _____ / / DATE OF BIRTH

PLACE OF BIRTH _____ / / DATE OF DEATH

SPOUCE'S NAME _____ / / DATE OF BIRTH

GREAT GRANDMOTHER'S SIBLINGS

NAME _____ / / DATE OF BIRTH

PLACE OF BIRTH _____ / / DATE OF DEATH

SPOUCE'S NAME _____ / / DATE OF BIRTH

NAME _____ / / DATE OF BIRTH

PLACE OF BIRTH _____ / / DATE OF DEATH

SPOUCE'S NAME _____ / / DATE OF BIRTH

NAME _____ / / DATE OF BIRTH

PLACE OF BIRTH _____ / / DATE OF DEATH

SPOUCE'S NAME _____ / / DATE OF BIRTH

NAME _____ / / DATE OF BIRTH

PLACE OF BIRTH _____ / / DATE OF DEATH

SPOUCE'S NAME _____ / / DATE OF BIRTH

NAME _____ / / DATE OF BIRTH

PLACE OF BIRTH _____ / / DATE OF DEATH

SPOUCE'S NAME _____ / / DATE OF BIRTH

NAME _____ / / DATE OF BIRTH

PLACE OF BIRTH _____ / / DATE OF DEATH

SPOUCE'S NAME _____ / / DATE OF BIRTH

NAME _____ / / DATE OF BIRTH

PLACE OF BIRTH _____ / / DATE OF DEATH

SPOUCE'S NAME _____ / / DATE OF BIRTH

PERSONAL

NAME _____

MAIDEN NAME _____ NICKNAME _____

DATE OF BIRTH _____ PLACE OF BIRTH _____

COLOR OF EYES ____ COLOR OF HAIR ____ HEIGHT ____ RACE ____

LANGUAGE(S) _____ RELIGION _____ (R) OR (L) HANDED ____

SPOUSE _____ WEDDING DATE _____

DATE OF DEATH _____ BURIAL PLACE _____

PLACES LIVED _____

PICTURE

3½" x 3½"

EDUCATION

SCHOOL _____ YEARS _____ DEGREE _____

_____

_____

_____

BIOGRAPHY _____

_____

MILITARY

BRANCH _____ RANK _____ YEARS _____

DEPLOYMENTS _____

SPECIALTY _____ DECORATIONS _____

PROFESSION

OCCUPATION ____ COMPANY _____ YEARS _____

_____

_____

_____

DNA GENEALOGY

____% _____ PERCENTAGE ORIGIN
____% _____
____% _____
____% _____
____% _____
____% _____

____% _____
____% _____
____% _____
____% _____
____% _____

PICTURES

PERSONAL

NAME _____

MAIDEN NAME _____ NICKNAME _____

DATE OF BIRTH _____ PLACE OF BIRTH _____

COLOR OF EYES _____ COLOR OF HAIR _____ HEIGHT _____ RACE _____

LANGUAGE(S) _____ RELIGION _____ (R) OR (L) HANDED _____

SPOUSE _____ WEDDING DATE _____

DATE OF DEATH _____ BURIAL PLACE _____

PLACES LIVED _____

_____

PICTURE
3½" X 3½"

EDUCATION

SCHOOL _____ YEARS _____ DEGREE _____

_____

_____

BIOGRAPHY

_____

MILITARY

BRANCH _____ RANK _____ YEARS _____

DEPLOYMENTS _____

SPECIALTY _____ DECORATIONS _____

PROFESSION

OCCUPATION _____ COMPANY _____ YEARS _____

_____

_____

DNA GENEALOGY

_____ % _____ PERCENTAGE ORIGIN
_____ % _____
_____ % _____
_____ % _____
_____ % _____
_____ % _____

_____ % _____
_____ % _____
_____ % _____
_____ % _____
_____ % _____
_____ % _____

PICTURES

PERSONAL

NAME

MAIDEN NAME   NICKNAME

DATE OF BIRTH   PLACE OF BIRTH

COLOR OF EYES   COLOR OF HAIR   HEIGHT   RACE

LANGUAGE(S)   RELIGION   (R) OR (L) HANDED

SPOUSE   WEDDING DATE

DATE OF DEATH   BURIAL PLACE

PLACES LIVED

PICTURE

3½" x 3½"

EDUCATION

SCHOOL   YEARS   DEGREE

BIOGRAPHY

MILITARY

BRANCH   RANK   YEARS

DEPLOYMENTS

SPECIALTY   DECORATIONS

PROFESSION

OCCUPATION   COMPANY   YEARS

DNA GENEALOGY

%
PERCENTAGE ORIGIN
%

%

%

%

%

%

%

%

%

%

%

PICTURES

PICTURE

3½" × 3½"

PERSONAL

NAME _____

MAIDEN NAME _____ NICKNAME _____

___/___/___
DATE of BIRTH   PLACE of BIRTH _____

COLOR of EYES   COLOR of HAIR   HEIGHT   RACE _____

LANGUAGE(S)   RELIGION   (R) or (L) HANDED _____

___/___/___
SPOUSE _____   WEDDING DATE _____

___/___/___
DATE of DEATH   BURIAL PLACE _____

PLACES LIVED _____

EDUCATION

SCHOOL _____   YEARS _____   DEGREE _____

BIOGRAPHY _____

MILITARY

BRANCH _____   RANK _____   YEARS _____

DEPLOYMENTS _____

SPECIALTY _____   DECORATIONS _____

PROFESSION

OCCUPATION   COMPANY _____   YEARS _____

DNA GENEALOGY

% _____
PERCENTAGE ORIGIN
% _____
% _____
% _____
% _____
% _____

% _____
% _____
% _____
% _____
% _____

PERSONAL

NAME _____

MAIDEN NAME _____ NICKNAME _____

DATE OF BIRTH ___/___/___ PLACE OF BIRTH _____

COLOR OF EYES _____ COLOR OF HAIR _____ HEIGHT _____ RACE _____

LANGUAGE(S) _____ RELIGION _____ (R) OR (L) HANDED _____

SPOUSE _____ WEDDING DATE ___/___/___

DATE OF DEATH ___/___/___ BURIAL PLACE _____

PLACES LIVED _____

PICTURE
3½" x 3½"

EDUCATION

SCHOOL _____ YEARS _____ DEGREE _____

BIOGRAPHY _____

MILITARY

BRANCH _____ RANK _____ YEARS _____

DEPLOYMENTS _____

SPECIALTY _____ DECORATIONS _____

PROFESSION

OCCUPATION _____ COMPANY _____ YEARS _____

DNA GENEALOGY

___% _____
PERCENTAGE ORIGIN
___% _____
___% _____
___% _____
___% _____
___% _____

___% _____
___% _____
___% _____
___% _____
___% _____
___% _____

PICTURES

PETS

NAME _____ DATE OF BIRTH __/__/__ PLACE OF BIRTH _____

SPECIES _____ BREED _____ DATE OF DEATH __/__/__ BURIAL PLACE _____

NOTES AND COMMENTS _____

PICTURE
1½" x 1½"

NAME _____ DATE OF BIRTH __/__/__ PLACE OF BIRTH _____

SPECIES _____ BREED _____ DATE OF DEATH __/__/__ BURIAL PLACE _____

NOTES AND COMMENTS _____

PICTURE
1½" x 1½"

NAME _____ DATE OF BIRTH __/__/__ PLACE OF BIRTH _____

SPECIES _____ BREED _____ DATE OF DEATH __/__/__ BURIAL PLACE _____

NOTES AND COMMENTS _____

PICTURE
1½" x 1½"

NAME _____ DATE OF BIRTH __/__/__ PLACE OF BIRTH _____

SPECIES _____ BREED _____ DATE OF DEATH __/__/__ BURIAL PLACE _____

NOTES AND COMMENTS _____

PICTURE
1½" x 1½"

NAME _____ DATE OF BIRTH __/__/__ PLACE OF BIRTH _____

SPECIES _____ BREED _____ DATE OF DEATH __/__/__ BURIAL PLACE _____

NOTES AND COMMENTS _____

PICTURE
1½" x 1½"

NAME _____ DATE OF BIRTH __/__/__ PLACE OF BIRTH _____

SPECIES _____ BREED _____ DATE OF DEATH __/__/__ BURIAL PLACE _____

NOTES AND COMMENTS _____

PICTURE
1½" x 1½"

NAME _____

DATE OF BIRTH ___/___/___

PLACE OF BIRTH _____

SPECIES _____ BREED _____

DATE OF DEATH ___/___/___

BURIAL PLACE _____

NOTES AND COMMENTS _____

PICTURE
1½" x 1½"

NAME _____

DATE OF BIRTH ___/___/___

PLACE OF BIRTH _____

SPECIES _____ BREED _____

DATE OF DEATH ___/___/___

BURIAL PLACE _____

NOTES AND COMMENTS _____

PICTURE
1½" x 1½"

NAME _____

DATE OF BIRTH ___/___/___

PLACE OF BIRTH _____

SPECIES _____ BREED _____

DATE OF DEATH ___/___/___

BURIAL PLACE _____

NOTES AND COMMENTS _____

PICTURE
1½" x 1½"

NAME _____

DATE OF BIRTH ___/___/___

PLACE OF BIRTH _____

SPECIES _____ BREED _____

DATE OF DEATH ___/___/___

BURIAL PLACE _____

NOTES AND COMMENTS _____

PICTURE
1½" x 1½"

NAME _____

DATE OF BIRTH ___/___/___

PLACE OF BIRTH _____

SPECIES _____ BREED _____

DATE OF DEATH ___/___/___

BURIAL PLACE _____

NOTES AND COMMENTS _____

PICTURE
1½" x 1½"

NAME _____

DATE OF BIRTH ___/___/___

PLACE OF BIRTH _____

SPECIES _____ BREED _____

DATE OF DEATH ___/___/___

BURIAL PLACE _____

NOTES AND COMMENTS _____

PICTURE
1½" x 1½"

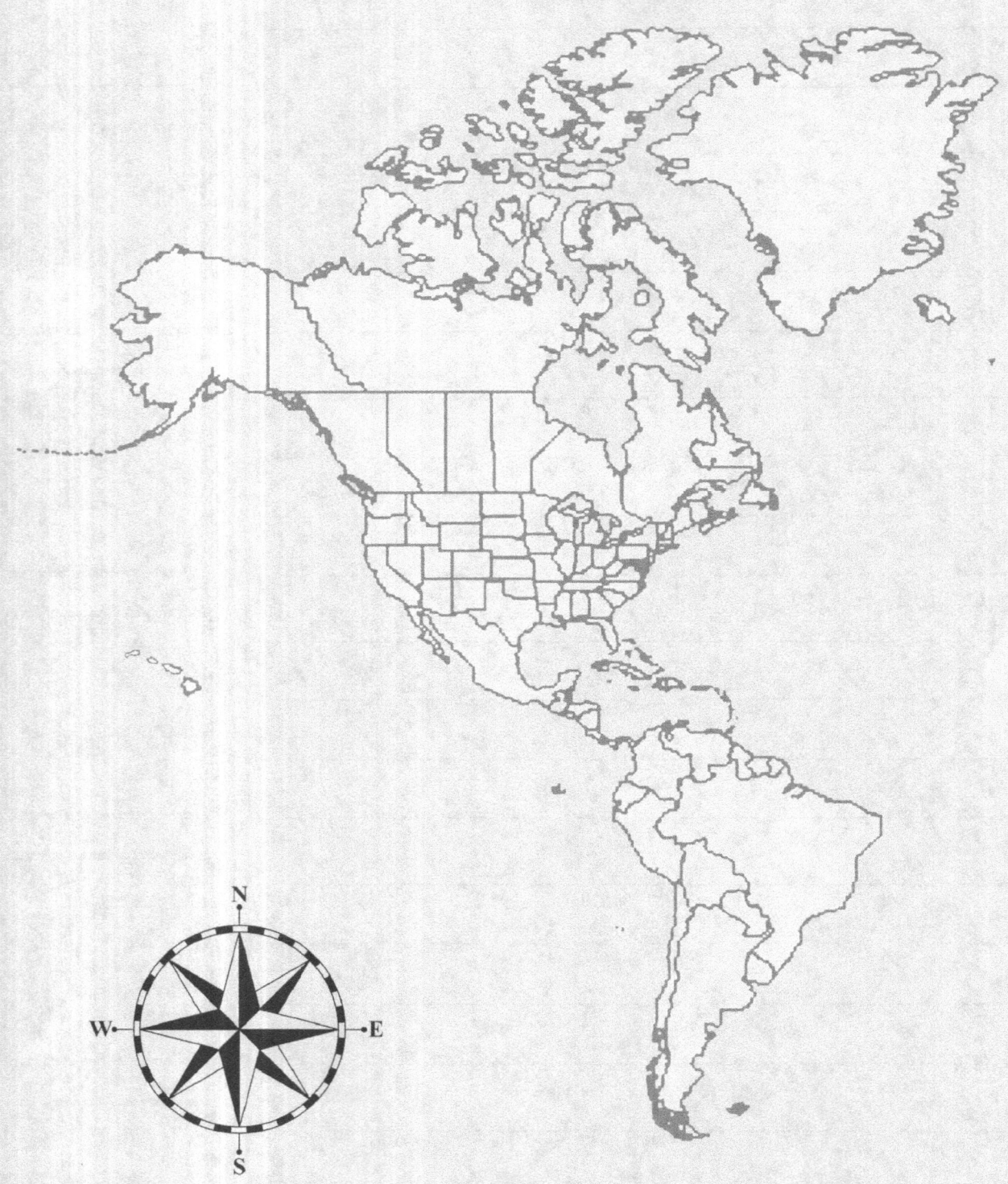

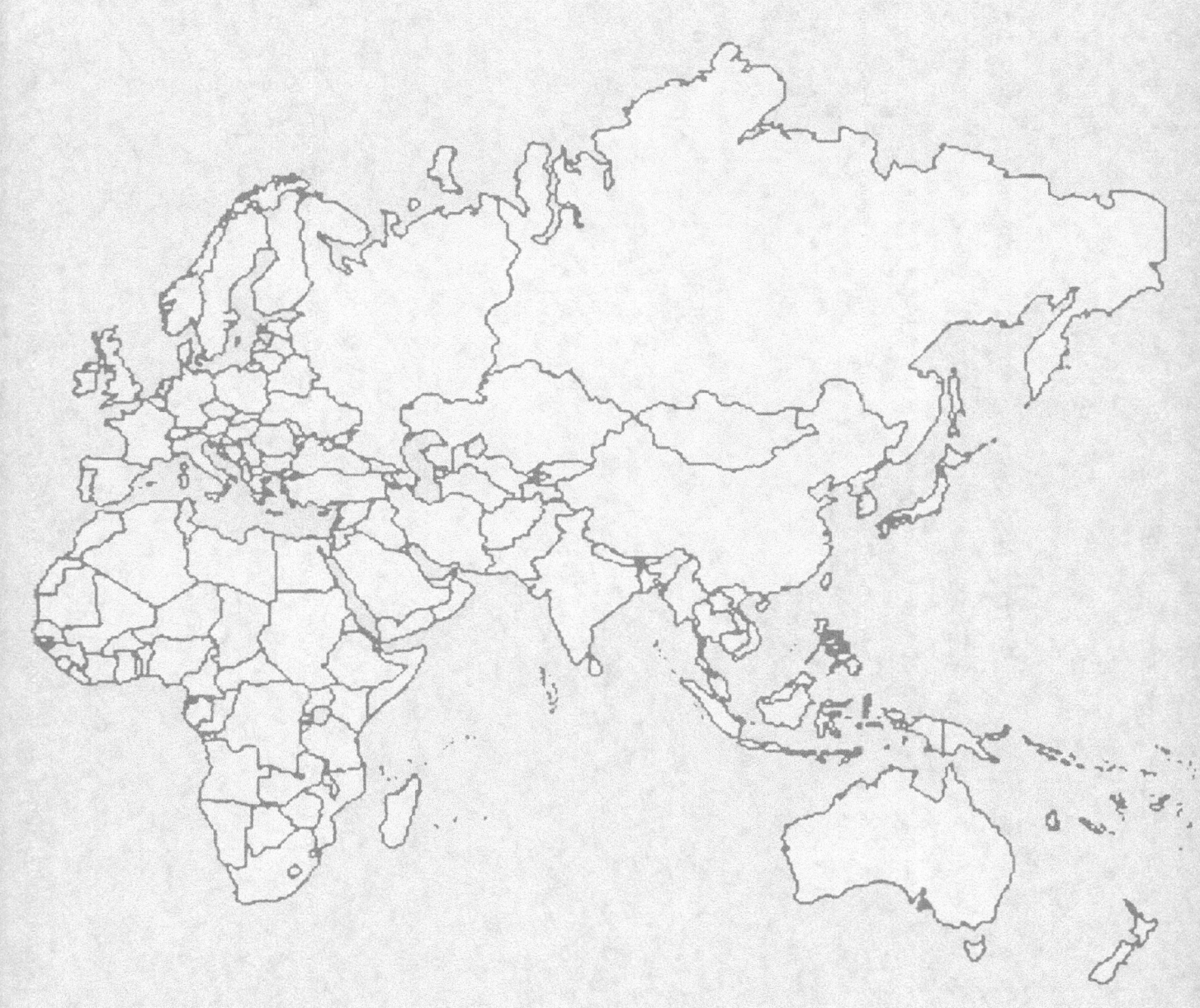

PICTURES

PICTURES

PICTURES

PICTURES

PICTURES

PICTURES

PICTURES

PICTURES

GUIDELINES and SUGGESTIONS

FAMILY GENEALOGIST: NAME OF THE FAMILY GENEALOGIST WITH ADDITIONAL SPACE FOR OTHER CONTRIBUTORS OR A NOTE TO THE FAMILY.

TABLE OF CONTENT: FILL IN THE PERSONS NAME IN THE SPACE PROVIDED. 5 EXTRA BIOGRAPHIES FOR PEOPLE NOT REPRESENTED IN THE FAMILY TREE IS PROVIDED. NAME AND RELATION TO THE FAMILY CAN BE ENTERED IN THIS SECTION.

FAMILY TREE: ENTER THE NAME OF THE FAMILY MEMBER IN THEIR APPROPRIATE LOCATIONS.

BIOGRAPHY PAGES: THIS SECTION IS FOR THE INDIVIDUAL PERSON INFORMATION. THE BIOGRAPHY SECTION CAN BE SIGNIFICANT MOMENTS IN THE PERSONS LIFE. 5 EXTRA BIOGRAPHIES ARE LOCATED ON PAGES 98-107. THIS SECTION CAN BE USED FOR PEOPLE NOT REPRESENTED IN THE FAMILY TREE. FOR EXAMPLE, STEP PARENT, FAVORITE MEMBERS OF THE EXTENDED FAMILY, CLOSE FAMILY FRIEND.

DNA GENEALOGY: THIS SECTION IS FOR PEOPLE THAT HAVE HAD A DNA TEST. USE THE CIRCLE TO CREATE A PIE CHART TO REPRESENT THE PERCENTAGES OF THE REGIONS THE PERSONS ANCESTORS COME FROM. THE LIST IS FOR THE PERCENTAGE AND ORIGIN REFLECTED IN THE PIE CHART.

PICTURES: FAVORITE PICTURES OF THE SUBJECT PERSON.

CHILDREN AND SIBLINGS: CHILDREN AND SIBLINGS ARE LOCATED IN THIS SECTION.

FAMILY PETS: LIST UP TO 12 FAMILIES PETS WITH A SECTION FOR AN PICTURE OF EACH ONE.

FAMILY MAP: YOU CAN MAP THE MIGRATION OF YOUR FAMILY.

FAMILY PICTURES: A COLLAGE OF FAVORITE FAMILY PICTURES.

EXTRA PICTURES: 8 EXTRA PAGES TO INCLUDE PHOTOS OF WEDDINGS, REUNIONS, PARTIES, HOLIDAYS AND OTHER IMPORTANT EVENTS IN THE FAMILY.

NOTES: FAMILY HISTORY AND NOTABLE STORIES. THIS SECTION CAN ALSO BE USED BY THE FAMILY GENEALOGIST FOR NOTE AND REFERENCES. ANOTHER USE FOR THIS SECTION IS THE LIST OF CONTRIBUTORS AND SPECIAL THANKS FOR THE PEOPLE WHO HELPED FIND THE INFORMATION.

OTHER ANCESTRY BOOKS AVAILABLE

MY FAMILY ANCESTRY VICTORIAN
Victorian No. 1
Victorian No. 2
Victorian No. 3
Victorian No. 4 (Lower Price)

MY FAMILY ANCESTRY ART NOUVEAU
Art Nouveau No. 1
Art Nouveau No. 2
Art Nouveau No. 3
Art Nouveau No. 4 (Lower Price)

MY FAMILY ANCESTRY ART DECO
Art Deco No. 1
Art Deco No. 2
Art Deco No. 3
Art Deco No. 4 (Lower Price)

MY FAMILY ANCESTRY GEOMETRIC
Geometric No. 1
Geometric No. 2
Geometric No. 3
Geometric No. 4 (Lower Price)

MY FAMILY ANCESTRY GOTHIC
Gothic No. 1
Gothic No. 2
Gothic No. 3
Gothic No. 4 (Lower Price)

MY FAMILY ANCESTRY WESTERN
Western No. 1
Western No. 2
Western No. 3
Western No. 4 (Lower Price)

MY FAMILY ANCESTRY RENAISSANCE
Renaissance No. 1
Renaissance No. 2
Renaissance No. 3
Renaissance No. 4 (Lower Price)

MY FAMILY ANCESTRY FAMILY TREE
Family Tree No. 1
Family Tree No. 2
Family Tree No. 3
Family Tree No. 4 (Lower Price)

MY FAMILY ANCESTRY OLD ENGLISH
Old English No. 1
Old English No. 2
Old English No. 3
Old English No. 4 (Lower Price)

MY FAMILY ANCESTRY CELTIC
Celtic No. 1
Celtic No. 2
Celtic No. 3 (Lower Price)

MY FAMILY ANCESTRY SLAVIC
Slavic No. 1
Slavic No. 2 (Lower Price)

MY FAMILY ANCESTRY LATIN
Latin No. 1
Latin No. 2
Latin No. 3 (Lower Price)

MY FAMILY ANCESTRY INDIA
India No. 1
India No. 2 (Lower Price)

MY FAMILY ANCESTRY JAPANESE
Japanese No. 1
Japanese No. 2
Japanese No. 3 (Lower Price)

MY FAMILY ANCESTRY CHINESE
Chinese No. 1
Chinese No. 2
Chinese No. 3 (Lower Price)

MY FAMILY ANCESTRY AFRICAN
African No. 1
African No. 2 (Lower Price)

MY FAMILY ANCESTRY CHRISTIAN
Christian No. 1
Christian No. 2 (Lower Price)

MY FAMILY ANCESTRY JEWISH
Jewish No. 1
Jewish No. 2 (Lower Price)

Check for Availability. Lower priced publications are printed in black ink only.

ISBN: 9-78109-1216099

www.ingramcontent.com/pod-product-compliance
Lightning Source LLC
Chambersburg PA
CBHW081433310526
45788CB00024B/3447